Zum vollen Leben erwachen

Johannes Soth

# ZUM VOLLEN LEBEN ERWACHEN

## Meditieren mit der Zen-Geschichte »Der Ochs und sein Hirte«

*Mit einer Einführung von Michael von Brück*

Patmos Verlag

**Ein wichtiger Hinweis:**
Die Übungen und Anleitungen in diesem Buch sind vom Autor in langjähriger Praxis erprobt und sorgfältig geprüft worden. Sie sind für Erwachsene gut geeignet, die über eine normale gesundheitliche Konstitution verfügen. Wer die vorgeschlagenen Übungen praktiziert oder anleitet, hat dennoch eigenverantwortlich darüber zu entscheiden, in welchem Maße er das tut. Bei gesundheitlichen Problemen und in Zweifelsfällen empfiehlt es sich, Rücksprache mit einem Arzt oder Therapeuten zu halten. Für Nachteile oder Schäden, die eventuell aus der Umsetzung von Übungen entstehen, übernehmen Verlag und Autor keine Haftung.

Der Autor empfiehlt allen, die den Weg des Zen gehen wollen, sich von einem/einer erfahrenen Meditationslehrer/in beraten und begleiten zu lassen.

Die Verlagsgruppe Patmos ist sich ihrer Verantwortung gegenüber unserer Umwelt bewusst. Wir folgen dem Prinzip der Nachhaltigkeit und streben den Einklang von wirtschaftlicher Entwicklung, sozialer Sicherheit und Erhaltung unserer natürlichen Lebensgrundlagen an. Näheres zur Nachhaltigkeitsstrategie der Verlagsgruppe Patmos auf unserer Website www.verlagsgruppe-patmos.de/nachhaltig-gut-leben


Verlagsgruppe Patmos in der Schwabenverlag AG, Ostfildern
www.verlagsgruppe-patmos.de

Umschlaggestaltung: Finken & Bumiller, Stuttgart
Abbildungen Umschlag und Innenteil: Zehn Ochsenbilder von Tenshō Shūbun, 15. Jhdt., (möglicherweise) nach verlorenen Originalen des 12. Jhdt. (Quelle: Wikimedia Commons)
Grafiken im Innenteil: Johannes Soth
Gestaltung, Satz und Repro: Schwabenverlag AG, Ostfildern
Druck: Finidr s.r.o., Český Těšín
Hergestellt in Tschechien
ISBN 978-3-8436- 1451-1

# INHALT

# EINFÜHRUNG VON MICHAEL VON BRÜCK

## WEISHEIT

Weisheit ist Maß in der Praxis durch Wissen. Wissen ist das Sammeln und Verknüpfen von Daten in übergreifenden Zusammenhängen. Maß ist die ausgleichende Balance polarer Kräfte, die das Leben, ja, das gesamte Universum in Bewegung setzen. Jede Form menschlicher Aktivität ist Praxis in diesem Sinne. Maß in der Praxis ist der Rhythmus von Gegengewichten, der durch Denken, Fühlen und Handeln immer neu hergestellt werden kann. Dazu braucht es Erkenntnis der Zusammenhänge, die sich zu Wissen verdichtet. Wissen aber ist abhängig vom Zustand des Geistes, von Klarheit und Tiefe, von Unvoreingenommenheit und Lust an der Erkenntnis. Um tiefgründige Fragen zu stellen und womöglich (vorläufige) Antworten zu erhalten, bedarf es der Schulung des Geistes. Alles kulminiert in den beiden Fragen: Wer bin ich? Und wer ist es, der/die eine solche Frage stellt?

Die Schulung des Geistes gleicht dem Weg durch eine Landschaft, die teils bekannt, teils unbekannt ist. Vor allem aber verändert sie sich ständig. Es gibt bekannte Wege, die seit Jahrtausenden erprobt sind, und die unbekannten Wege sind zunächst nur angedeutete Pfade, die ins Dickicht führen könnten oder aber ganz neue Möglichkeiten des Weitergehens eröffnen. Es braucht Mut, das Unbekannte zur erkunden und es braucht Kenntnis und Weisheit, das Bekannte so zu nutzen, dass Erfahrung die Schritte ins Unbekannte begleitet, damit die Risiken und möglichen Irrwege bewältigt werden können.

Zen ist einer der erprobten Wege in die unbekannten Labyrinthe des Geistes. Die Zen-Praxis ist wie ein Geflecht von Wegweisern, klug angelegten Tritthilfen, Leitern und Geländern, die den Weg sichern. Ausrutschen kann man trotzdem, und besonders dann muss man an die Hand genommen werden, um wieder auf einen sicheren Pfad zurückzufinden. Das Ziel ist denjenigen, die noch nicht angekommen sind, unbekannt. Aber – gibt es denn überhaupt ein Ankommen, also ein Ende des Weges? Führt er nicht immer weiter, ist der Geist nicht unerschöpflich? Ist das Gehen nicht selbst das Ziel, wie es in so vielen spirituellen Traditionen heißt?

Wir wissen es nicht genau. Denn wenn von alten und erprobten Traditionen die Rede ist, so handelt es sich um Zeiträume von zwei Jahrtausenden, vielleicht etwas weniger oder mehr, aber die bisherige Menschheitsgeschichte kann in Zehntausenden von Jahren gemessen werden, und was die Zukunft bereit hält, ist – wenn es für die Menschheit eine Zukunft gibt – unbekannt. Was aber bekannt ist, können wir in dem Erfahrungssatz zusammenfassen: Unsere geistigen Kapazitäten sind begrenzt, aber der ursprüngliche Geist, der in uns wach werden kann, ist unerschöpflich. Er geht weit über alle unsere Begriffe und Konzepte hinaus. Die Reisen in solche ›Räume‹ sind Abenteuerreisen in eine terra incognita, vielleicht vergleichbar mit dem Abenteuer der Seefahrer, die es wagten, über den bekannten Horizont hinaus zu segeln.

Aber auch sie hatten Seekarten, Messgeräte und vor allem die Erfahrungsberichte ihrer Vorfahren. Das ist unerlässlich. Auch wenn vieles unbekannt ist und der Weg zu jedem Zeitpunkt anders erscheint, individuell neu und unvergleichlich, weil kein Mensch einem anderen gleicht, so gibt es doch Muster und Strukturen, Landkarten gleichsam, die durchaus hilfreich sind, wenn man sich zurechtfinden will. Und: Ohne Begleitung geht es nicht. Menschen gehen ihren Weg des Lebens und Sterbens zwar individuell, und jeder Prozess der körperlichen Entwicklung und geistigen Reifung unterscheidet sich von anderen, aber trotzdem haben wir genetisch gemeinsame Anlagen wie geistige Funktionsmuster, die sich zwar verändern, aber doch aufeinander aufbauen – unser Geist hat, individuell wie kollektiv, ebenso eine Geschichte wie die Natur, die uns bestimmt. Sie determiniert uns nicht, aber sie konditioniert uns.

Solche Konditionierungen zu erkennen und sie aufzuschlüsseln, um neue Entfaltungsmöglichkeiten zu entdecken, ist hilfreich, vermutlich sogar notwendig. Eine lang bewährte ›Landkarte‹ dafür sind die so genannten Bilder vom Ochsen und dem Hirten, wie sie im China der Song-Zeit entwickelt wurden. Sie gelten seither den Zen-Übenden in ganz Ostasien, seit mehr als hundert Jahren auch in Amerika, Europa und der ganzen Welt, als maßgebliche Kartographie für den Zen-Weg. Zen bleibt allerdings, wie auch die Ochsenbilder, nicht an die buddhistischen Kulturen gebunden. Zen hat dort seinen Ursprung, wächst aber darüber hinaus. Es drückt sich in kulturell spezifischer Sprache aus, beschreibt jedoch zugleich anthropologische Universalia. Darum können Menschen aus allen Kulturen, Religionen und Sprachwelten diesen Weg der Entdeckung des Menschlichen gehen und auch finden, was sie gesucht haben.

Warum aber keine verstehbaren Texte, die eine klare ›Gebrauchsanleitung‹ präsentieren, sondern Bilder? Eben darum, weil Menschen Bilder imaginativ deuten, weil sie auf dem Hintergrund der je eigenen Erfahrung und Möglichkeiten den Raum der Fantasie öffnen und kreativ neue Gestaltungen ermöglichen. Weil sie nicht festlegen, sondern zur jeweils eigenen Gestaltung einladen. Das allerdings umso wirkungsvoller, je genauer man die Bilder betrachtet und Zusammenhänge erkennt. Dazu bedarf es der Anleitung, die in diesem Buch klug und konkret gegeben wird.

Auch Sprache erreicht keine Eindeutigkeit. Einerseits kann sie dazu verführen, dass man im sprachlichen Ausdruck glaubt, die Sache abgegrenzt, also definiert, zu haben, dass man die Deutung besäße und getrost nach Hause tragen könne, dass also die Offenheit in ein geschlossenes System überführbar sei. Das mag dem menschlichen Bedürfnis nach Sicherheit entgegenkommen, aber es schließt den Horizont und behindert die Entdeckung des Unbekannten. Es ist eine Einkerkerung der Kreativität. Andererseits kann Sprache aber Wichtiges leisten, nämlich Wegweiser sein. Sie kann auf die Spur führen und gerade Unerwartetes zum Ausdruck bringen. Dann ist es ein poetischer Gebrauch der Sprache, wie sie in den Zen-Kōan aufleuchtet. Hier ist der gute Sprachgebrauch geradezu ein Prüfkriterium für die Tiefe der Zen-Erfahrung, wie es in den Begleit-Überlieferungen zur Kōan-Sammlung *Shumon Kattoshu* heißt. Diese Sammlung ist maßgebend für das

Kōan-Studium in der Rinzai-Schule des Zen, und hier heißt die dritte Gruppe von Kōans *gonsen*, was man mit ›Aufklärung durch Sprache‹ übersetzen kann. Was verbal nicht beschreibbar ist, kann dennoch zur Sprache gebracht werden – durch Bilder und Worte. Die Ochsenbilder und die dazugehörigen Gedichte sind dafür ein gutes Beispiel.

Die Ochsenbilder beschreiben den Weg des Menschen, der seine eigene Tiefe ausloten will, der wissen will, wer er eigentlich ist: »Wer bin ich? Woher komme ich? Wohin gehe ich?« In der Sprache des Zen: »Was war dein Antlitz vor der Geburt deiner Eltern?« Das sind die Grundfragen, die Menschen sich selbst und/oder einander stellen. Irgendwann im Leben, hoffentlich nicht zu spät, denn die Frage selbst beeinflusst schon die Lebensqualität. Das Fragen macht den Menschen wesentlich, setzt ihn zumindest auf die Spur. Wir können die Bilder ›meditations-psychologisch‹ lesen, als Phasen der menschlichen Reifung, die aber nicht immer gradlinig nacheinander ablaufen – es gibt Rückschritte, Schleifen, auch Sprünge. Manche Aspekte sind gleichzeitig wirksam.

Zuerst muss der Mensch überhaupt den Verlust seiner Mitte oder Tiefe spüren. Das ereignet sich oft erst in Krisensituationen. Jeder kennt das, aber nicht wenige neigen zur Verdrängung aus Angst oder Bequemlichkeit, beides, um den bohrenden Fragen zu entgehen. Wer sich aber eines Mangels bewusst wird, sollte auf die Suche gehen. Die Empfindung des Ungenügens kann unterschiedliche Färbung haben – Überdruss, Langeweile, Unbehagen, Sinnlosigkeit, die schlichte Vermutung, dass das Leben doch mehr sein müsse als das alltäglich Triviale: Hat die Evolution wirklich ein so komplexes Netzwerk wie das Bewusstsein bzw. seine materielle Stütze, das Gehirn, hervorgebracht, damit wir so geistlos dahinleben, wie wir es oft tun? Wer so fragt, hält inne. Dann also sucht man. Oft lange und vergeblich, bis eine Spur sichtbar wird. Der Spuren sind viele, aber man kann lernen, die Fährte zu lesen, wie im Dschungel oder in der Wüste. Verlaufen kann man sich durchaus. Es bedarf der Anleitung, der Führung. Sie kommt von innen oder von außen, im Idealfall kommt beides zusammen: Die Ochsenbilder sind eine

Landkarte, aber diese wird lesbar mittels der Erläuterung durch erfahrene Begleiter. Jedenfalls erscheint dann das Gesuchte – zunächst als wildes Tier, das gezähmt werden muss. Der Geist wird kultiviert. Bis er schließlich ins Alltägliche zurückkehrt. Aber nun hat er Strahlkraft gewonnen, Gelassenheit und Kraft zugleich. Das Leben hat eine neue Farbe bekommen, mehr noch, es ist so offen geworden, dass es in allen Farben glänzen kann. Aber das sind wieder nur Worte …

Zen ist Praxis. Theorie kann und will den Rahmen sowie die Richtung markieren. Es geht darum, dass wir weise werden, um ein gutes Leben und ein gutes Sterben zu leben. Zen empfiehlt dafür drei Grundhaltungen, die nur scheinbar Widersprüche sind, in der Praxis aber einander stützen. Das starke Vertrauen *(daishinkon)*, den großen Zweifel *(daigidan)* und den festen Willen *(daifunshi)*: Vertrauen, dass die Wirklichkeit letztlich eine Ordnung ist und der Weg des Buddha zu entsprechender Erfahrung gültig war, ist und bleibt; Zweifel an allen vorläufigen Positionen und Einstellungen, wodurch ständige Vertiefung möglich wird und der Weg offen bleibt; der Wille, trotz vieler Hindernisse den Weg mutig und mit Freude zu gehen, auch wenn man zu scheitern scheint.

Weisheit ist Maß in der Praxis durch Wissen. Zen-Praxis lässt uns wissen, und sie beschreibt das angemessene Maß. Sie vermittelt Körperwissen und tiefes geistiges Wissen. Beide Aspekte sind nicht voneinander zu trennen. Wissen wird Weisheit in der Praxis des Bewusstwerdens. Für jede Lebenssituation neu und einzigartig. Und doch ist es immer das Eine.

Michael von Brück

## VORBEMERKUNGEN DES AUTORS

Der chinesische Chán-Meister *Kùo ān shī yuǎn* hat um 1150 zehn berühmte Gedichte zum Weg des Rinderhirten verfasst. Einige Jahrhunderte später wurden sie von dem japanischen Zen-Mönch *Tenshō Shūbun* (ca. 1414–1463), der als Abt des Shōkoku-ji-Rinzai-Klosters in Kyōto eingesetzt war und als einer der wichtigsten Maler der Muromachi-Periode gilt, in kraftvolle Bilder umgesetzt.

Die zehn kreisförmigen Gemälde, mit Tusche vorwiegend in Rot-Braun-Tönen auf Papier gemalt, sind zu einer Handrolle montiert worden, die 32 × 181,5 cm misst, wobei jedes einzelne Bild ca. 14 cm breit ist. Die Original-Rolle ist im Museum des Shōkokuji-Tempels in Kyoto ausgestellt.

*Tenshō Shūbun* hat in seinen Bildern eigentlich einen Wasserbüffel dargestellt. Dennoch hat sich die Bezeichnung ›Ochsenbilder‹ (*Oxherding pictures*) durchgesetzt.

*Shī yuǎns* Gedichte und *Shūbuns* Ochsenbilder gehören zu den tiefgründigsten Darstellungen der spirituellen Entwicklungsstadien des Zen-Weges. Vom ersten orientierungslosen Suchen bis zum vollen Durchbruch ins Erwachen werden die wesentlichen Aspekte des Weges in einer lebendigen und klaren (Bild-)Sprache aufgezeigt.

Angeregt durch die Praxis der Meditation, eine jahrelange Auseinandersetzung mit den Ochsenbildern und die Rezeption einer englischen und zweier deutscher Übersetzungen der ursprünglich in altchinesischer Sprache verfassten Ochsengedichte, habe ich mich entschlossen, eine neue Version dieser Texte zu schreiben. Im Zuge meiner persönlichen Auseinandersetzung mit deren Inhalten und ihrer kraftvollen Sprache kam ich zu der Überzeugung, dass die Ochsenbilder und -gedichte eine ausgezeichnete Orientierungshilfe und Quelle der Inspiration sein können für alle, die den Geist des Zen tiefer erkennen und in ihrem Leben verwirklichen wollen.

Die meiner Auffassung nach bedeutendsten und dementsprechend von mir berücksichtigten Textausgaben sind in der Reihenfolge ihres Erscheinens:

1. Daisetz Teitaro Suzuki: *The Manual of Zen Buddhism*, Kyoto 1935
2. Daisetz Teitaro Suzuki / C.G. Jung: *Die große Befreiung, Einführung in den Zen-Buddhismus mit zehn Bildern vom Rinderhirten,* 2. Auflage, Leipzig 1939, ins Deutsche übertragen von Heinrich Zimmer
3. Daizohkutsu R. Ohtsu: *Der Ochs und sein Hirte* (aus dem Altchinesischen übersetzt von Kôichi Tsushimura und Hartmut Buchner), Pfullingen 1958

Die Übertragungen der zehn Ochsengedichte in diesen drei Publikationen zeichnen sich durch ihre je eigene geistige Tiefe und Ausdruckskraft sowie durch ihren besonderen Sprachstil aus. Die Übersetzer haben die Verse eher nicht in ein streng durchgehaltenes Metrum eingebunden und haben anscheinend auch nicht die Absicht verfolgt, eine auf Klang, Rhythmus und Ausgewogenheit der Sprachmelodie ausgerichtete Gedichtform zu gestalten. Zudem wird des Öfteren von einer lyrischen Sprache zum Prosa-Stil gewechselt – und umgekehrt. Offensichtlich standen die Nähe zum chinesischen Original und eine möglichst getreue Wiedergabe der Inhalte im Mittelpunkt.

Meine Neufassung der Gedichte erlaubt sich an einigen Stellen einen etwas freieren Umgang mit den konkreten Inhalten, um eine möglichst stimmige Einheit zwischen dem ›Zen-Geist‹ und der klanglich-rhythmischen Form erreichen zu können. Dabei ist *Daisetz Teitaro Suzukis* Übersetzung aus dem Altchinesischen ins Englische im Laufe der Zeit immer mehr zum bestimmenden Maßstab geworden.

Doch handelt es sich hier keineswegs um eine Neuübersetzung dieses Textes. Ich habe lediglich versucht, in intuitiver und meditativer Annäherung und Einfühlung den Sinn von *Shī yuǎns* Gedichten zu treffen und zwar mithilfe einer einfachen, unaufgesetzten Sprache. Dabei habe ich die Reduktion auf das Wesentliche sowie die Unmittelbarkeit und die sprachliche Dichte von Haikus angestrebt. Im Mittelpunkt stand das Anliegen, die besondere geistige Atmosphäre und Stimmung der einzelnen Strophen und der jeweiligen Entwicklungsphase des Hirten (bzw. des Meditationsschülers) möglichst klar hervortreten zu lassen.

Im zweiten Kapitel werden die Themen der zehn Ochsenbilder in einem Überblick zusammengefasst, damit die Entwicklungslinie, die alle einzelnen Stadien der Geistesschulung und Reifung miteinander verbindet, deutlich wird.

Da besonders die letzten vier Ochsenbilder und -gedichte erstaunliche Ähnlichkeiten mit vielen Stellen aus den Predigten Meister Eckharts aufweisen, schien ein Vergleich lohnenswert zu sein.

In religionswissenschaftlichen Untersuchungen und im interreligiösen Dialog wird schon seit geraumer Zeit auf die Verwandtschaft zwischen dem Mahāyāna-Buddhismus bzw. der Zen-Tradition und den Auffassungen Meister Eckharts hingewiesen. Dazu hat u.a. der Kyoto-Philosoph *Shizuteru Ueda* durch seine intensive Forschungsarbeit beigetragen.

Es ist zu hoffen, dass die Ochsenbilder und die Zitate aus Eckharts Predigten in gegenseitiger Ergänzung zu einem tieferen Verstehen der Texte verhelfen und interreligiöse Gemeinsamkeiten bewusst machen.

Die Geschichte vom Ochsen und seinem Hirten spricht den ganzen Menschen als ›Geistseelenleib‹ an. Dementsprechend lädt der dritte Teil des Buches mit Körper-, Atem- und Meditationsübungen dazu ein, sich möglichst ganzheitlich auf den Weg des Rinderhirten einzulassen.

Ich danke Daisetz Teitaro Suzuki, Heinrich Zimmer, Daizohkutsu R. Ohtsu, Kôichi Tsushimura und Hartmut Buchner für ihre Übersetzungen und Erläuterungen, die mir schon vor Jahrzehnten einen Zugang zu den Ochsenbildern eröffnet haben. Und natürlich bedanke ich mich bei Meister Shī yuăn sowie dem Abt Shūbun für ihre geistige und künstlerische Arbeit. Mit ihren Texten und Bildern haben sie mich dazu inspiriert, die Ochsengedichte in einer neuen deutschen Fassung zu schreiben.

Einen besonderen Dank aussprechen möchte ich Michael von Brück für die Durchsicht des Textes, die wertvollen Hinweise und Korrekturen und seine tiefgehende Einführung in das Buch.

Im Herbst 2023 Johannes Soth

# 1. DER OCHS UND SEIN HIRTE

# I. Die Suche nach dem Ochsen

## DIE SUCHE

Allein in der Wildnis,
verloren in Sümpfen,
geht durch wucherndes Gras
der Hirte dahin,
den Ochsen zu suchen.

In weite Ferne
rücken die Berge,
es schwellen die Wasser.
Verwachsene Pfade
wollen nicht enden.

Verzweifelt im Herzen,
zu Tode erschöpft,
findet er weder Wendung
noch Richtung.

Nur die Grillen des Abends
hört er singen im Ahornwald.

## BETRACHTUNG: VERLOREN SEIN

Das erste Bild zeigt einen Hirten auf der Suche nach seinem entlaufenen Ochsen. Der Mann ist allein inmitten einer Sumpflandschaft, die von einer Atmosphäre der Unwägbarkeit bestimmt wird. Tragfeste Untergründe, Moorbereiche und Wasserflächen sind größtenteils kaum voneinander zu unterscheiden. Dunst und Nebel lassen Erde und Himmel ineinanderfließen, sodass der Horizont kaum erkennbar ist. Perspektivische Ausblicke in die Ferne sind dem Betrachter verwehrt. Die öde Atmosphäre des Moores wird unterbrochen durch zwei kleine Erdhügel im Vordergrund, einige Landzungen im Hintergrund und durch den Felsen, der sich direkt neben dem Hirten auftürmt. Dahinter wächst ein Strauch, dessen Zweige sich herabneigen und auf den Hirten zeigen. Dessen Haltung und Gestik sind voller Zweifel. Unschlüssig bewegt er sich nach links, indem er langsam einen Fuß vor den anderen setzt. Seine rechte Hand deutet ebenfalls nach links, aber zögert, während der Kopf in die Gegenrichtung gedreht ist und zurückblickt. Hilflos irrt der Mann durch die Wildnis, ohne zu wissen, wohin er sich wenden soll. Jeder unvorsichtige Schritt kann ihm zum Verhängnis werden. Denn wie oft täuscht das Moor mit seinen Gras- und Moosflächen Tragfestigkeit vor, bricht aber plötzlich ein und zieht den Wanderer in die Tiefe!

Ist der Hirte derjenige, der auf Abwege geraten ist und sich verirrt hat? Ist *er* der eigentlich Verlorene und nicht sein Ochse? Der Ochse versinnbildlicht das, was dem Menschen am allernächsten und innerlichsten ist. Wie soll es jemals abhandenkommen? Ist da nicht jegliche Suche absurd?

In der Landschaft spiegelt sich die Verfassung des Hirten wider. Die Berge seiner Heimat sind in eine unsichtbare Ferne gerückt. Er hat Angst, in seiner ›Unterwelt‹ (dem eigenen Unterbewussten) zu versinken. »Die nicht enden wollenden, verwachsenen Pfade« (die zwar nicht im Tuschebild, aber im dazugehörigen ersten Gedicht als Motiv auftauchen) lassen erkennen, wie gefangen er in seinem kleinen Ich ist, das ständig das haben will, was es nicht hat, und zugleich von der Angst besessen ist, das zu verlieren, was es hat. Auf dieser Stufe ist der Mensch noch nicht vom ›Sein‹ sondern allein vom ›Haben‹ bestimmt. Die Sümpfe und »die schwellenden Wasser« sind Metaphern für seine Begierden und Leidenschaften, vor denen die (zen-) buddhistischen Weisheitsschriften eindringlich warnen.

Warum eigentlich?

Mit ihrer unüberschaubaren Vielfalt der Phänomene und Sinnesreize stellt die Welt hohe Anforderungen an den Menschen. Öffnet er sich ihr und lässt sich auf sie ein, läuft er zugleich Gefahr, mehr und mehr in sie hineingezogen und von ihr in Besitz genommen zu werden. Kommt dann noch der Irrglaube hinzu, er könne sein Glück vor allem im Außen finden, wird er sich heillos in das Vielerlei der Sinnesobjekte verstricken. Er verfällt der Welt und auch seinem ›kleinen Ich‹, das nur ein Gedankenkonstrukt ist, eine eigene eingebildete Welt, die sich von den anderen Ich-Welten abgesondert hat und ihnen gegenüber verteidigt werden muss. Je schwächer die Verbindung zum ›tragenden Grund‹ im eigenen Inneren ist, desto größer bläht sich das Ich auf. Es unterliegt der Illusion, dass in der Tiefe der Seele ein großer Mangel herrsche, ein Loch, das unbedingt gefüllt werden müsse bzw. einen Ausgleich in der Außenwelt brauche. So entwickelt sich die Gier nach Lust, Besitz und Macht und der Hass auf alle, die den eigenen Bestrebungen nach Zugewinn und Ich-Erweiterung entgegenstehen. Begierden und Leidenschaften erzeugen in ihrer Maßlosigkeit Leid, indem sie den Menschen aus der Balance bringen und seine Einsicht trüben und verdunkeln. Durch die Anhaftung an den unzähligen Objekten der Außenwelt entfernt er sich mehr und mehr von seiner inneren Wahrheit und verliert seine Freiheit. Wenn er sich doch selbst und damit sein ›Haben-Wollen‹ loslassen könnte! »Wer sich gänzlich (nur) *einen* Augenblick ließe, dem würde alles gegeben«, sagt der christliche Mystiker Meister Eckhart. Die Hauptwurzel dieser heillosen (Selbst-) Anhaftung ist *Avidyā*, die Unwissenheit. Der Suchende hat vergessen, wer er wirklich ist und weiß nicht, an welchem Standort er sich befindet. Einem solchen Menschen würde man heutzutage eine ›schwere Identitätskrise mit akutem Orientierungsverlust‹ diagnostizieren. Denn es fehlt ihm ein Bezugsrahmen, ein Horizont, der den Dingen der Welt und seinem eigenen Leben Sinn und Bedeutung verleiht. Immerhin scheint der Hirte seine Selbstentfremdung erkannt zu haben und unter ihr zu leiden. Dieses Leid, das er nicht verdrängt und übertüncht, stachelt ihn schließlich dazu an, aufzubrechen.

Sich vom eigenen Wesen abgetrennt zu erleben und damit zugleich auch eine Unzugehörigkeit zu allem anderen zu spüren, ist eine quälende Erfahrung, die sich bis zur Todesangst steigern kann. Eine solche ›Verlorenheit‹ ist die schmerzlichste Form der Einsamkeit. »Verzweifelt im Herzen, zu Tode erschöpft«, heißt es im ersten Gedicht. Nur wer durch diesen Schmerz hindurchgeht, wird zu der Erfahrung kommen, dass sich die Angst der Verlorenheit in eine große offene Stille verwandeln kann, die ihn trägt und von allen Seiten umfasst. Für diese Stille hat Meister Eckhart den Begriff der Abgeschiedenheit geprägt, worunter er gerade nicht Verlorenheit und Isoliertheit versteht, sondern das Hineinkommen in den eigenen Grund, in den Grund Gottes und zugleich in die Mitte der Welt. Somit öffnet die radikale Abgeschiedenheit den Menschen zu der tiefstmöglichen mitmenschlichen Verbundenheit.

Im Lauschen auf diese ›edle Stille‹ wird das Zirpen der Grillen unversehens zu einem Gesang, der das Herz berührt. Es ist der ›Ruf des Lebens‹, der erste initiierende ›Weckruf‹ zu dem langen – anfangs noch dunklen – Weg des Erwachens.

# II. Das Finden der Spuren

## DIE SPUREN

Unter den Bäumen,
nah am Fluss,
hat der Ochse hier und da
Spuren hinterlassen.

Süß duftendes Gras,
wächst höher, dichter;
findet der Hirte den Weg?

Wohin der Ochs' auch laufen mag,
auf hohe Hügel,
in ferne Täler:
Verbergen kann er sich nicht mehr,
denn seine Nüstern reichen weit
bis an des Himmels Wolken.

## BETRACHTUNG: SICH ORIENTIEREN

Im Unterschied zum ersten Ochsenbild, bei dem die heimatlichen Berge noch ganz im Nebel verborgen waren, ist nun der Blick auf das Gebirge frei geworden. Jedoch breitet sich zwischen dem Hirten und den fernen Bergen ein undurchdringliches Wolkenmeer aus. Durch diesen diffusen Mittelgrund werden Vordergrund und Ferne wie zwei Welten voneinander getrennt. So spricht der Bildraum eine eindeutige Sprache: Der Weg zur wahren Heimat ist dem Hirten noch verschlossen.

Glücklicherweise entdeckt er erste Spuren seines Herzens-Ochsen. In seiner linken Hand hält er in hoffnungsvoller Bereitschaft schon ein kleines Seil, mit dem er ihn einfangen will. Mit nackten Füßen, einem wachsamen Gesicht und mit seiner etwas angehobenen rechten Hand scheint er sich behutsam vorzutasten. Seine Suche hat eine Richtung bekommen. Anstelle der verwachsenen Pfade im ersten Gedicht nimmt er süß duftendes Gras (eine Metapher für die Verlockungen der ›Erscheinungswelt‹) wahr, das zwar noch kräftig wuchert, aber ihm nicht mehr vollends den Weg versperrt.

Die Spuren des Ochsen sind eine Metapher für die überlieferten Texte, die auf die Buddha-Natur verweisen. Mit ›Buddha-Natur‹ ist nicht das empirische Selbst gemeint, sondern die ursprüngliche Natur des Geistes, die jenseits von Begriffen und Konzepten ist. Die Buddha-Natur ist in jedem Wesen vorhanden, auch wenn sie durch Unwissenheit, Begierde und Hass verdeckt sein mag.

Die Spuren des Ochsen sind wie Finger, die auf den ›Vollmond der Weisheit‹ zeigen. Die Fingerzeige sollten allerdings nicht mit dem Mond verwechselt werden. Die Fährte ist noch nicht der Ochse selbst. Das Spurenlesen, verstanden als das Studium der Weisheitsschriften, kann zwar durchaus hilfreich sein, aber ein rein begriffliches, kognitives Kennenlernen des Zen-Weges kann niemals eine tiefere Einsicht bewirken, geschweige denn zum Durchbruch in eine ›Wesens-Erfahrung‹ führen. Diese Erfahrung bezieht sich auf eine Wirklichkeitsebene, die hinter bzw. in der Erscheinungswelt verborgen ist. Auf dem Zen-Weg in das eigene Innere können die äußerlichen, sinnlich wahrnehmbaren Phänomene ›transparent‹ werden und ihre tiefere Wahrheit zu erkennen geben.

Wahrheit lässt sich eben nicht in Begriffen einfangen. Wahrheit kann nur in einem unaufhörlichen Neuwerden von Augenblick zu Augenblick gelebt und ›verkörpert‹ werden.

Hier wird angedeutet, dass die Übung des Leibes auf dem Weg der Meditation von größter Bedeutung ist.

Der Übende auf dem Zen-Weg lässt sich in diesem Entwicklungsstadium noch von vielen Reizen, Gefühlen und Gedanken beeinflussen und ins Wirrwarr der Meinungen hineinziehen. Daher verfällt er immer wieder der ›Welt der Gegensätze‹ von Innen und Außen, Ich und Du, Geburt und Tod, richtig und falsch. Aber durch das achtsame Lesen der Spuren bekommt er womöglich schon eine erste Ahnung von der Allgegenwart des ursprünglichen Geistes. Am Ende des Gedichtes stehen die auf den Ochsen bezogenen Worte: »Verbergen kann er sich nicht mehr, denn seine Nüstern reichen weit bis an des Himmels Wolken.« Dies bedeutet, dass der Ochse sich überall in der Welt und im alltäglichen Leben zeigt. Er kann von jedem wahrgenommen werden, der mit klaren Augen und einem ›kindlichen‹ Herzen schaut.

Die Erkenntnis, die sich hier anbahnt und zur Entfaltung drängt, ist: Innenwelt und Außenwelt sind eng miteinander verbunden und wirken wechselseitig aufeinander. Der Suchende ahnt, dass der Ochse, das uranfängliche, absolute Wesen, sich in der ganzen Welt offenbart und zugleich in der Mitte des eigenen Herzens wohnt.

# III. Das Erblicken des Ochsen

# DER OCHSE IN SICHT

Vom hohen Wipfel,
herzensklar,
singt eine Nachtigall ihr Lied.

Die Sonne scheint warm,
sanft streicht der Wind
durch grünende Weiden am Ufer.

Von selbst ist er da,
und nirgends ein Ort,
wohin sich der Ochse entzieht.

Den prächtigen Kopf
im Schmuck seiner Hörner,
könnte je ein Maler ihn malen?

## BETRACHTUNG: ENTDECKEN

Auf einmal entdeckt der Mann den Ochsen. Er verfolgt ihn und bleibt ihm dicht auf den Fersen. Sein Gesicht zeigt den Ausdruck freudiger Erwartung. Mit vorgeschobenem Kopf, vorgebeugtem Oberkörper und weit ausgreifenden Armen und Beinen setzt er dem Ochsen nach. Die Schnelligkeit der Bewegungen scheint sich durch die parallel gezogenen, etwas verwischten waagerechten Pinselstriche der Bodenstrukturen noch zu erhöhen. Deutlicher erkennbar als im zweiten Bild ist das bald zum Einsatz kommende Seil in der rechten Hand des Hirten. Die vom oberen Bildrand hinabweisenden Zweige verstärken die Spannung und Lebendigkeit der Szene.

Das Erblicken des Ochsen zeigt an, dass der Zen-Schüler erste blitzartige Erfahrungen macht, in denen er Aspekte seiner Selbst-Natur unmittelbar wahrnimmt. Solche Erlebnisse werden in der Zen-Literatur oft als ›*Kenshō*‹ (Wesensschau) bezeichnet. Der Meditierende durchschreitet sozusagen ›das erste Tor zur Wahrheit‹.

Nun liegt es an ihm, diese Erlebnisse in einer konsequenten Übungspraxis zu vertiefen und auszubauen. Denn schon im nächsten Moment kann der Ochse wieder aus dem Blickfeld verschwinden. Und es bliebe bei kurzen Lichtblicken und kleinen Strohfeuern, die bald in Vergessenheit gerieten.

Wie kommt denn eigentlich die Entdeckung des Ochsen zustande? Es ist wohl keine machbare, vom eigenen Willen zu steuernde Handlung. Auf einmal hört der Hirte die Stimme des Ochsen (wie es im zweiten Lobgedicht in »Der Ochs und sein Hirt« von Ohtsu heißt).[1] Weil alle seine Sinne geöffnet sind und er bereit und empfänglich geworden ist, zeigt sich ihm der Ochse. Im Gedicht heißt es auch »Von selbst ist er da«. Nicht der Hirte entdeckt den Ochsen, vielmehr wird *er* vom Ochsen gefunden.

Wenn wir dies auf den Übungsweg der Meditation übertragen, können wir feststellen: Der Anfänger ist meist noch zu aktiv, er beabsichtigt und erwartet zu viel. Der Fortgeschrittenere macht nichts, er sitzt einfach da mit offenen Sinnen. Die Vorstellung und Wirklichkeit von *Gnade* ist nicht nur im christlich-abendländischen Kulturkreis beheimatet, auch in der Zen-Tradition besteht das Wissen von der Nicht-Machbarkeit der entscheidenden Entwicklungssprünge auf dem Weg zum Erwachen. Indem der ›Mensch des Weges‹ voller Hingabe übt und alles einsetzt, kommt er immer tiefer ins ›reine Schauen‹. So öffnet er sich für das, was zur rechten Zeit mit ihm geschehen wird. Die ›Seelenlandschaft‹, die im Gedicht beschrieben wird, ist Ausdruck für die beginnende Verschmelzung von Innen und Außen, die »Paarung von Hellem und Dunklem, von Leidenschaft und Weisheit«[2] und die sich damit von Grund auf wandelnde Innenwelt des Übenden. In meiner Version des Gedichts wird dies ausgedrückt durch den ›herzensklaren Gesang‹ der Nachtigall und den Wind, der durch die grünen Weiden streicht. Eine heitere, harmonische und frühlingshafte Stimmung liegt in der Luft. Das vorher nur verstandesmäßig Erfasste hat sich geweitet zu einer Erfahrung des Herzens. Der Übende fühlt sich in einer dialogischen Beziehung mit der Natur verbunden. »Dann schaut in demselben Augenblick, da der Mensch die Blume anschaut, die Blume den Menschen an«[3], kommentiert Meister Ohtsu das dritte Ochsengedicht.

Mit anderen Worten: Der ursprüngliche Geist begegnet sich selbst. Im Herzen kommt Freude auf. Wie wohltuend klingen die Worte des Meisters *Huáinán tài lián* im dritten Lobgedicht zu diesem Ochsenbild: »Still nickt sich der Hirte zu und erlaubt sich ein leises Lächeln.«[4] Es ist gut zu wissen, dass die Freude das sicherste Erkennungszeichen und ›der rote Faden‹ des Zen-Weges ist.

In der letzten Zeile des Gedichtes wird der Ochse in seiner Pracht und Vollkommenheit gepriesen: »… könnte je ein Maler ihn malen?« Was ist damit gemeint? Das uranfängliche Selbst, die Ur-Schönheit ›des Antlitzes, das ich schon hatte, bevor meine Eltern geboren wurden‹[5], entzieht sich jeder Darstellung. Es lässt sich nicht als Objekt festhalten und präsentieren.

# IV. DEN OCHSEN FANGEN

# EINFANGEN

Aufs Höchste spannt er
Mut und Willen;
fängt endlich
seinen Ochsen ein.

Doch wild ist noch des Tieres Trieb
und schwer zu lenken seine Kraft!

Ins Hochland steigt es weit hinauf,
um zu verschwinden schon alsbald
im dichten Nebel tiefer Schluchten.

## BETRACHTUNG: SICH ANEIGNEN

Den Ochsen einzufangen ist nicht leicht, aber viel schwerer noch ist es, ihn zu halten. Breitbeinig steht der Hirte und setzt sein ganzes Körpergewicht ein, indem er sich gegen die Zugrichtung des Ochsen stemmt. So versucht er, ihn zu bezwingen. Das Seil spannt sich durch die wilde Kraft des massiven und schweren Tieres bis zum Äußersten. Die Szene wird durch die vielen diagonalen Bewegungsrichtungen (des Körpers und der Beine des Ochsen, der vom Oberkörper und den Gliedmaßen des Mannes gebildeten Linien sowie der von einem starken Wind gepeitschten und geradezu ›elektrisiert‹ wirkenden Baumzweige) dramatisch gesteigert. Sogar die Standfläche ist – wie bei keinem anderen der Bilder – mit ihren parallelen Furchen in eine rechtsseitig abfallende Schräglage geraten. Obwohl der Ochse mit der prallen Spannung seines muskulösen Körpers geradezu unbezwingbar erscheint, strahlt der Hirte in seiner Mimik und Gestik dennoch eine gewisse Souveränität und fast schon Zuversicht aus.

Es stellt sich die Frage, um wessen Zähmung es denn eigentlich geht. Ist die Wildheit des Ochsen, des wahren Selbst, zu besänftigen oder hat der Hirte nicht viel mehr an der Bändigung seiner eigenen machtvollen Gewohnheiten und Begierden zu arbeiten? Wenn dieser sich vom Übermaß der Sinnesreize, Gefühle und Gedanken zerstreuen lässt, kann sich ihm der Ochse sehr schnell wieder entziehen.

Nicht das periphere, normale Wach-Bewusstsein, sondern das universelle Tiefenbewusstsein, das sich in der modernen westlichen Psychologie als ›das kollektive Unbewusste‹ eingebürgert hat, ist im Bild des Ochsen veranschaulicht. Es sind die unbewussten Muster, die sich in unserer Menschheits- und Familiengeschichte gebildet haben. Die heutige, oftmals auf einem sehr verkürzten Seelenbegriff basierende westliche Psychologie kann im Unbewussten weder positive wertvolle Kräfte noch metaphysische Dimensionen erkennen. In der buddhistischen Tradition (z. B. in der *Skandha*-Theorie) hingegen hat auch die Triebnatur einen wichtigen Stellenwert. Dies ist einem Oberflächenbewusstsein, das vom Rationalismus und von der Ich-Zentrierung des Menschen bestimmt ist, unverständlich.

Elementare Triebe bedürfen natürlich der Lenkung und Einbindung. Auf dem Weg zur Erweckung des ›Herz-Geistes‹ können Kräfte des Unbewussten, die man in früheren Zeiten als ›Dämonen‹ bezeichnet hat, auftauchen.

Der Begriff ›Herz-Geist‹ (jap. *shin*) bezeichnet im Zen-Buddhismus das Zentrum des menschlichen Bewusstseins, in dem alle Aspekte der menschlichen Existenz integriert sind. Geistige Erkenntnis und tiefes Mitgefühl mit allen Lebewesen sind untrennbar miteinander verbunden. Die Entfaltung des Herz-Geistes ist gleichbedeutend mit dem Erwachen zum vollen Leben. Auf dem Weg dorthin, so hatten wir oben schon angedeutet, können Kräfte des Unbewussten an die Oberfläche kommen. *Makyō* lautet das japanische Wort für diese ›Unterwelt‹, die den Meditierenden mit ihren archetypischen Bildern mitunter heftig bedrängen kann. Es ist anzuraten, solche Phänomene mit einer stabilen Leib- und Geisteshaltung und aus einer ›Beobachter-Position‹ anzuschauen, ohne sich mitreißen zu lassen. Das bewirkt, dass sie abklingen und sich verwandeln. Sie kommen völlig zur Ruhe, wenn wir ihnen in der Hierarchie der geistigen Welt einen ›Ort‹ zuweisen, der für sie angemessen ist. ›Dämonen‹ können wir definieren als (noch) nicht integrierte Seelenanteile einer Person,[6] als Wesenheiten zwischen Sein und Nicht-Sein. Indem wir z. B. Ängste und Zwangsvorstellungen verdrängen, sie von uns abspalten, dämonisieren wir sie und tragen dazu bei, dass sie sich verselbstständigen und sozusagen ein ›Eigenleben‹ führen.

Dass das *Makyō* an die Oberfläche kommt, sollte aber durchaus positiv bewertet werden, denn es ist ein Zeichen für den Fortschritt des Meditierenden, der meist bald darauf zu ersten *Kenshō*-Erfahrungen kommt. *Kenshō* (übersetzt etwa: Erschauen der eigenen Wesensnatur) bezeichnet den Durchbruch zur Wahrheit, zur Wirklichkeit, die ›hinter‹ den Erscheinungen, Illusionen und Einbildungen liegt. Schon im dritten Bild hatte der Hirte einen ersten ›Geschmack von Erleuchtung‹ bekommen. Aber allein die Erinnerung an diesen Geschmack ist wertlos. Es bringt wenig Nutzen, irgendwann einmal den Ochsen eingefangen zu haben, ihn aber dann doch wieder zu verlieren, wie es im vierten Gedicht beschrieben wird. Wie wichtig ist es gerade jetzt, mit viel Selbstdisziplin und Ausdauer die Übung zu intensivieren! Manche beengende Vorstellungs-, Denk- und Handlungsmuster sind sehr zäh und hartnäckig. So muss der Hirte noch reichlich ›die Peitsche einsetzen‹, denn sonst könnte die Welt der Dualitäten wieder schnell die Oberhand gewinnen: Der Ochse steigt hoch auf die Berge und wenig später verbirgt er sich »im dichten Nebel tiefer Schluchten«.

Will sich der Hirte den ›Herz-Geist‹ *zu eigen machen*, braucht er Willenskraft und Disziplin. Die Empfänglichkeit und das Ergriffen-Sein brauchen den Gegenpol des Zugreifens, nämlich die Dinge in die Hand zu nehmen, sich ›Macht anzueignen‹, statt in der Ohnmacht zu bleiben. Für den japanischen Philosophen *Nishida Kitarō*, den Gründer der *Kyōto*-Schule, gehört zum Weg des Erwachens »das Selbsterfassen der tiefen Einheit, die dem Wissen und dem Willen zugrunde liegt. Aber das meint eben eine Art intellektueller Anschauung. Ein tiefes Sich-Bemächtigen des Lebens.«[7]

# V. DAS ZÄHMEN DES OCHSEN

# ZÄHMUNG

Nicht einen einz'gen Augenblick
darf der Hirte seine Hand
von Strick und Peitsche lassen.

Es liefe sonst der Ochse bald
hinaus mit rasend schnellem Schritt
mitten in den Staub der Welt.

Doch mit Geduld gezähmt,
in Sanftmut wohl gelenkt,
folgt er dem Hirten ganz von selbst,
ohne Peitsche, ohne Seil.

## BETRACHTUNG: VERTRAUT WERDEN

Der Hirte hat den wilden Ochsen bezwungen und kann aufatmen: Der anstrengende Kampf ist vorbei. Jetzt wird das Tier von seinem ›Herrn‹ am lockeren Seil geführt und trottet folgsam hinter ihm her. Einzig und allein die Augen des Ochsen drücken noch eine gewisse Unberechenbarkeit aus. Ansonsten scheinen die beiden sich schon durchaus aneinander gewöhnt zu haben. Sie sind in einem friedlichen Einklang zusammen unterwegs. Der Ochse »folgt dem Hirten ganz von selbst, ohne Peitsche, ohne Seil« heißt es im Gedicht. Zähmung ist im Tiefsten ein ›Sich-vertraut-Machen‹. Im Mittelgrund wirken horizontale, parallel verlaufende Bodenfurchen beruhigend. Der Hintergrund besteht aus gleichmäßigen, harmonischen Wellenbewegungen: Wasser, das kontinuierlich fließt. So wird ein langer Zeitraum abgebildet.

Die Zähmung des Ochsen bzw. die Selbstdisziplin des Hirten im sanftmütigen, geduldigen Durchhalten der Übung über viele Jahre wird von den alten Meistern auch »langmütiges Wachsen-Lassen des heiligen Leibes« genannt.[8] Durch die regelmäßige Praxis des *Zazen* wird die Einheit von Körper und Geist immer tiefer erfahrbar. Der körperliche Vollzug des Sitzens in der Stille ist zugleich auch schon eine geistige Disziplin, durch die mit der Verfeinerung der Körperwahrnehmung ein ganzheitliches Leibbewusstsein und schließlich die ›Weisheit des Leibes‹ entsteht. Meister Eckhart drückt dies in seiner Mystagogik auf ähnliche Weise aus: »Ein wohlgeübter Leib, gehorsam (s)einer weisen Seele.« Bei jeder (Selbst-)Erziehung und in allen Bereichen der Schulung und Bildung sollten Strenge und Konsequenz unbedingt mit Sanftmut und Milde in Balance gebracht werden. Zwischen den beiden Extremen einer unerbittlichen, harten Askese, die sich einer gewaltsamen Selbstquälerei annähert, und einem Sich-gehen-Lassen, das zur Schlaffheit und Verweichlichung führt, gilt es, den goldenen mittleren Weg zu finden. Der Buddha erklärt dies überzeugend mit dem Bild eines Saiteninstruments. Ist eine Saite zu schwach gespannt, kann sie nicht gut klingen. Ist sie überspannt, wird ebenfalls kein Wohlklang entstehen und die Saite könnte sogar reißen.

Wenn wir zu diesem Thema Meister Eckhart befragen, bekommen wir die Antwort, dass er strenge und extreme Bußübungen entschieden ablehnt. Statt den Leib mit dem ›Zaumzeug‹ der Bußübungen zu fesseln, sieht er es als tausendmal besser an, ihm das ›Band der Liebe‹ anzulegen. Durchbrüche zum Erwachen kommen meist plötzlich und unerwartet, aber danach sind beharrliche Übung und behutsame ›Zähmung‹ erforderlich, worunter vor allem auch Integrationsarbeit zu verstehen ist. In diesem Stadium des Zen-Weges ist es notwendig, dass die Praktizierenden ihre verdrängten Seelenanteile, die Einheitserfahrungen in der Meditation und die ethische Ebene (das im Alltag praktizierte Mitgefühl) in ihr Bewusstsein und Leben integrieren. Erleuchtungserfahrungen stehen also nicht ›am Ende‹, sondern eher in der Mitte der Übungspraxis. Die frühen ›Knospen und Triebe‹ des Erwachens bedürfen höchster Aufmerksamkeit und intensiver Pflege. Sie können sich entfalten und an Kraft zunehmen, wenn der Übende Gleichmut und Geduld entwickelt und sich nicht nur über seine erfolgreiche Arbeit freut, sondern auch im Scheitern nachsichtig über sich selbst lachen kann. Nach einem Gipfelerlebnis kann sehr bald ein Sturz folgen, und der Ochse läuft »mit rasend schnellem Schritt mitten in den Staub der Welt«, wie es in der zweiten Strophe des Gedichtes heißt. Doch mit der Zeit wird er durch den Staub nicht mehr beeinträchtigt.

Der innere Raum der Kraft und die Freiheit des Geistes werden größer und stabiler. Innen und Außen wachsen immer näher zusammen. Durch alles *Anwesende* scheint mehr und mehr das *Wesen* hindurch. Früher hatten die vielen unterschiedlichen Einflüsse und Kräfte den Übenden im Griff. Aber jetzt wird er immer mehr zu einem Menschen, der gestaltet, der schöpferisch in der Welt wirkt und in gewisser Weise aus eigener Geisteskraft seine Umgebung ›erschafft‹. Dennoch ist weiterhin Vorsicht geboten. *Kùo ān shī yuǎn* schreibt in seinem einleitenden Prosatext zu diesem Gedicht: »Nicht die gegenständliche Welt ist es, die uns bedrückt, sondern die Selbsttäuschung des Geistes. Lass den Nasenring nicht los, halte ihn fest und dulde kein Schwanken!«[9]

# VI. DER HEIMRITT AUF DEM OCHSEN

## HEIMRITT

Auf des Ochsen Rücken
schlägt der Hirt den Heimweg ein,
friedevoll gelassen.

Ton für Ton aus seiner Flöte
in der Ferne sanft verklingt,
eingehüllt vom Dunst des Abends.

Ein Lied ihm von den Lippen kommt,
da er im Takt vergnügt sich wiegt!
Und aus dem Grunde seines Herzens
springt die Freude unsagbar!

Bedarf es hier noch der Erwähnung,
dass er ein Wissender nun ist?

## BETRACHTUNG: SICH VERBINDEN

Beim Heimritt sitzt der Hirte würdevoll aufgerichtet und zugleich heiter gelöst auf seinem Ochsen. Der kennt den Weg nach Hause, er braucht nicht mithilfe der Zügel gelenkt zu werden. So hat der Reiter Arme und Hände frei für sein Flötenspiel, das in der Weite der abendlichen Landschaft sanft verklingt.

Und wie graziös sich der Ochse bewegt! Der angehobene, etwas zurückgebeugte Kopf mit seinem ›lächelnden‹ Maul und den nach oben blickenden Augen drückt Heiterkeit und Lebenslust aus. Tier und Mensch, die uranfängliche Wesensnatur und ›der äußere Mensch‹, zeigen sich in einer Verbundenheit und einem ästhetischen Einklang, der das ›Nur-Irdische‹ überschreitet.

Dieses Ochsenbild handelt von der Glückseligkeit (im Sanskrit: *ananda*). »Aus dem Grunde seines Herzens springt die Freude unsagbar«, heißt es im zugehörigen Gedicht. Vergnügungen, Glücksmomente und die kleinen Freuden des alltäglichen Lebens sind allesamt von konkreten äußeren Ursachen, Gefühlen und Stimmungen abhängig. Sie kommen und gehen, sind ganz und gar der Zeit unterworfen. *Ananda* dagegen strömt aus unserer innersten Mitte, aus dem Ungeborenen und Ungewordenen. Sie braucht keinerlei Gründe im Außen, denn sie ist als eine innere Seelenschicht stets vorhanden. Von den vier sogenannten ›feinkörperlich-formhaften Versenkungsstufen‹ (den *Jhānas*)[10] bezieht sich die dritte auf die Erfahrung gelassener Glückseligkeit und entspricht damit genau diesem sechsten Ochsenbild. Eine eher rauschhafte, enthusiastische oder euphorische Verzückung (wie beim zweiten *Jhāna*[11]) ist hier bereits überwunden, denn die Glückseligkeit hat durch Lebenspraxis und beginnende Herzensweisheit Reife und Klarheit gewonnen. Der Buddha-Körper der Glückseligkeit ist zur Entfaltung gekommen. »Bedarf es hier noch der Erwähnung, dass er ein Wissender nun ist?« So lauten die beiden letzten Zeilen des Gedichtes, auf das sich das sechste Ochsenbild bezieht. Glückseligkeit besteht vor allem in der Erkenntnis des wahren Selbst, der Buddha-Natur und in der innigsten Verbundenheit mit ihr.

»Was sonst heißt glückselig sein, wenn nicht dies: etwas Ewiges erkennend besitzen?«[12], schreibt der Kirchenlehrer Augustinus. Letzteres wird dadurch ganz sinnfällig, dass der Hirte auf dem Rücken des Ochsen sitzt, ihn also ›besitzt‹ im ursprünglichen Sinne des Wortes.

In diesem Verwirklichungsstadium hat der Übende bereits eine tiefe geistige Sammlung und einen hohen Freiheitsgrad erreicht, auch wenn er sich erst in einem ›Vorfeld‹ des Erwachens befindet. Von Sorgen um Gewinn und Verlust wird der Meditationsschüler nicht mehr geplagt, denn weltliche Verlockungen können ihn nicht mehr aus der Ruhe bringen. Er lässt sich bestimmen von der Welt des Geistes, nicht von der Erscheinung der Dinge, sondern vom Wesen, das in ihnen ›wohnt‹. Aus tiefer Intuition und Inspiration entsteht ein freies und spontanes Handeln. Jeglicher Zwang zur Aktivität, zum Machen- und Leisten-Müssen hat sich aufgelöst. »Müßig verbringt er den Tag, wie es seinem Herzen gefällt.«[13]

Die glückselige Verbundenheit mit dem großen Leben vertreibt alle Vorbehalte und Zweifel. Meister *Xiè líng yùn* hat dies erfahren, indem er sich zutiefst anrühren ließ von der Schönheit und Reinheit der Natur: »Dreißig Jahre habe ich das anfängliche Selbst gesucht. Wie oft wechselten sich Frühling und Herbst ab. Und plötzlich habe ich die Pfirsichblüte erblickt. Nun zweifle ich nicht mehr.«[14]

Die Freiheit, die den Menschen das Wesen der Dinge erkennen lässt, erinnert an das *Ledig-Sein* bei Meister Eckhart: »Soll mein Auge die Farbe sehen, muss es ledig sein aller Farbe.«[15] Mit anderen Worten: Nur ein ›leeres Gefäß‹ ist dazu bereit, die Fülle des Lebens aufzunehmen.

# VII. ALLEIN ZU HAUSE

# HEIMGEKOMMEN

Heimgekommen ist er nun
nach langem Ochsenritt.

Und schau, verschwunden
ist der Ochse!
Alleine sitzt der Mann
in tiefer Ruh' und Heiterkeit.

Er sinnt noch seinen Träumen nach,
steht auch die rote Sonne schon
über des Gebirges Höhen.

Strick und Peitsche liegen da,
unverwendet, ohne Nutzen,
unterm Dach aus Stroh.

## BETRACHTUNG: SICH VEREINIGEN

Der Mann ist zu Hause angekommen. Geeint mit seinem innersten Wesen, wohnt er in sich selbst. Der Ochse, der dieses ursprüngliche Selbst symbolisiert, ist überflüssig geworden und erscheint deshalb nicht mehr. Der Hirte »ist zu seinem eigenen Herrn geworden, ruhig und gelassen zwischen Himmel und Erde«[16], wie es Shizuteru Ueda formuliert. Nach Meister *Línjì Yìxuán* (jap. Rinzai) wohnt da »inmitten des Leibes ein wahrer Mensch ohne Rang«[17], ein Selbst, das Freude hat an sich selbst. Und tatsächlich lächelt hier der Mann so deutlich wie auf keinem anderen Bild zuvor. Sein Lächeln ist aber nicht nur auf sich selbst bezogen, sondern auch – und vor allem – zum Himmel gerichtet. Er kniet mit gefalteten Händen, schaut dankbar und ehrfürchtig nach oben, alles ihn Umgreifende verehrend und anbetend. Das Gebirge, noch von einem Wolkenkranz umgeben, ist näher gerückt. Die Sonne ist aufgegangen und erfüllt alles mit ihrem Licht und ihrer Wärme.

Dies ist ein Bild mystischer Vereinigung (im Sinne Meister Eckharts ein Bild der Gottesgeburt im Menschen), das aber noch ganz von der Dualität, vom dialogischen ›Gegenüber‹ bestimmt ist. Da ist noch ein Subjekt, das sich von allem anderen absetzen kann und trotz des hohen Entwicklungsstandes in der Gefahr steht, sich in Selbstgenügsamkeit und eingebildeter Sicherheit zu einem spirituellen Ego aufzublasen. Deshalb bedarf das zur Selbstverschließung neigende ›Ich-bin-Ich‹ eines entscheidenden Durchbruchs. In Meister Eckharts Worten: Gott ist schon im Seelengrund geboren, aber zum Durchbruch in die Einswerdung mit der Gottheit ist es noch nicht gekommen. Die ›Gottesgeburt in uns‹ ist nach Eckhart zugleich unsere ›Sohn-Werdung‹: »Der Vater gebiert seinen Sohn im Innersten der Seele und gebiert dich mit seinem eingeborenen Sohn als nicht geringerer.«[18] Aber mit großer Ungeduld wartet Gott darauf, uns noch viel mehr zu geben, nämlich die Fülle *seines* Seins.

»Wenn Gott sieht, dass wir der eingeborene Sohn sind, so drängt es Gott so heftig zu uns, und er eilt so sehr und tut gerade so, als ob ihm sein göttliches Sein zerbrechen und in sich selbst zunichte werden wolle, auf dass er uns den ganzen Abgrund seiner Gottheit und die Fülle seines Seins und seiner Natur offenbare; Gott ist es eilig damit, dass es ganz so *unser* Eigen sei, wie es *sein* Eigen ist. Hier hat Gott Lust und Wonne in der Fülle.«[19]

Die abschließenden Zeilen des siebten Gedichtes – »Strick und Peitsche liegen da, unverwendet, ohne Nutzen, unterm Dach aus Stroh« – lassen sich auf zwei unterschiedliche Arten deuten. In einer eher oberfächlichen, traditionellen Interpretation sind Strick und Peitsche Metaphern für die ›Kōans‹, mit denen der Meditationsschüler auf seinem Weg ›gekämpft‹ hat.

Unter Kōans versteht man in der Zen-Tradition beispielhafte, kurz erzählte Begebenheiten bzw. Dialoge zwischen Meister und Schüler. Sie sind wie paradoxe Rätsel, die zuerst sinnlos zu sein scheinen. Ihr tiefer Sinn kann nicht durch logische Denkmethoden erschlossen werden. Der Zen-Schüler kann ein Kōan, das ihm sein Lehrer gegeben hat, nur dadurch meistern, dass er selbst zu diesem Kōan wird. Dessen ganze Sinnfülle kann ihm spontan in der Wesensschau aufgehen.

Die Kōan-Sammlungen sind aber nun für ihn zu nutzlosem Papier geworden; er braucht kein Kōan mehr zu lösen.

In einer zweiten, tiefergehenden Deutung können wir die beiden Zeilen auch so verstehen: Aus der Sicht des uranfänglichen Selbst hat eigentlich gar keine Zähmung stattgefunden. Im Rückblick erscheint dies dem Mann allenfalls wie ein Traum. In der siebten Zeile des Gedichtes heißt es: »Er sinnt noch seinen Träumen nach.« – Er hängt also in einem gewissen Maße noch an seinen früheren Einbildungen und Illusionen.

Das kleine Ich, das den Ochsen sucht, ist vergleichbar mit einem Schatzsucher. Wenn der Schatz aber gefunden und freigelegt worden ist, kann der Schatzsucher (das Ich) gar nicht Nutznießer des Schatzes sein, weil sich der

Schatz selbst als die wahre Identität des Menschen erweist. So haben alle Anstrengungen des kleinen Ich einen illusionären Charakter: Peitsche und Seil sind aus der Perspektive der Wesensnatur niemals verwendet worden.

Der japanische Zen-Meister *Myōe* (1173–1232) fasst die Freiheit und Zuversicht, die für ihn mit dieser siebten Verwirklichungsstufe verbunden sind, in einigen wenigen Worten zusammen: »Seit Tagen mache ich keinen Dienst mehr für das zukünftige Leben und überlasse alles dem Einatmen und dem Ausatmen.«[20] Das ist die Gelassenheit eines Menschen, der wahrhaftig heimgekehrt ist. Aber wenn er nun stehen bliebe und sich häuslich niederließe, flöge er »schnell wie ein Pfeil in die Hölle«![21] Also wird er weitergehen auf seinem Weg: ein heimatloser Pilger, der aber doch überall zu Hause ist.

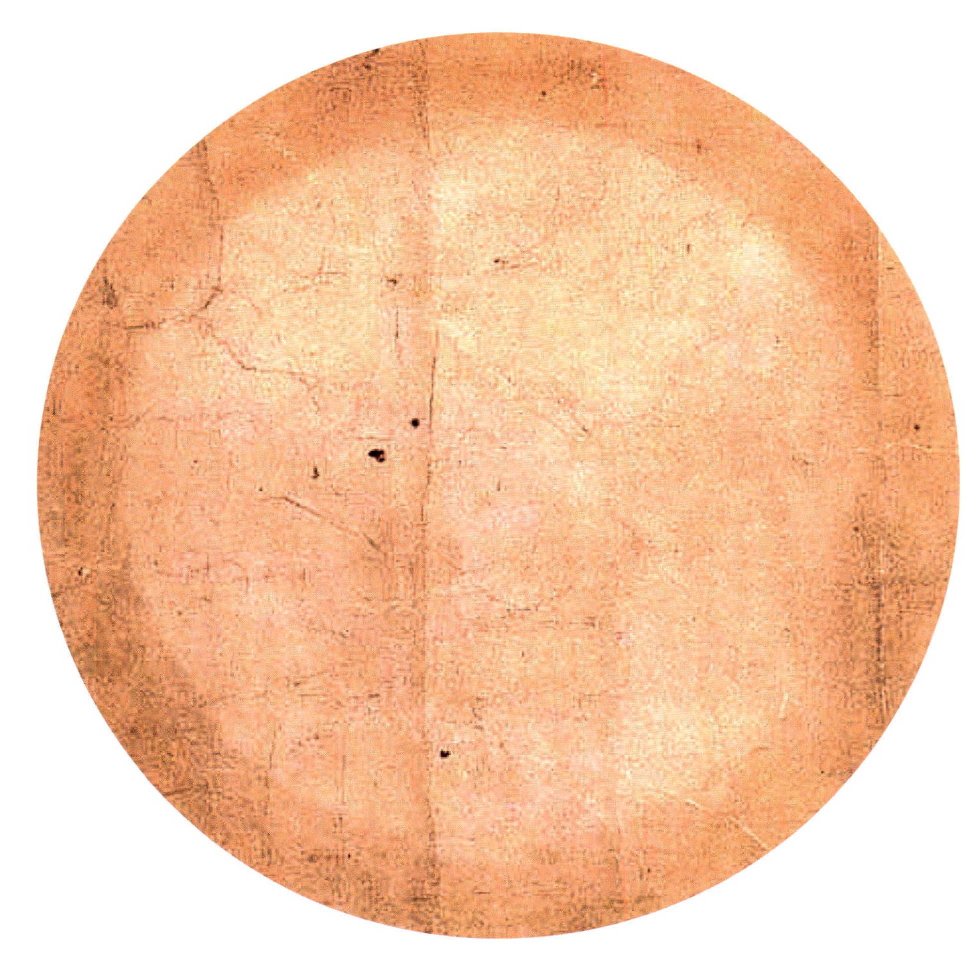

VIII. OCHS' UND HIRT' VERSCHWUNDEN

# KEIN OCHS' UND KEIN HIRT'

Alles ist leer,
allein das Nichts;
weder Peitsche noch ein Halfter.
Nicht ein Ochse, nicht ein Hirte:
unermesslich weiter Himmel!

Die Flocken des Schnees –
wie könnten sie fallen
in lodernde Flammen?

Hier zeigt er sich:
der Geist des alten Meisters.

## BETRACHTUNG: EINSWERDEN (1) – IN DEN ›GRUND DES LEBENS‹ FALLEN

Die ersten sieben Ochsenbilder stellen den Zen-Weg als Entwicklungsstufen in einer zeitlichen Abfolge dar. Die Bilder acht, neun und zehn hingegen repräsentieren drei gleichzeitig auftretende Wesenszüge eines vollständig erwachten Menschen. Das Durchbrechen zu dieser Drei-Einheit des Erwachens ist der besondere Inhalt des achten Bildes, das nun genauer betrachtet werden soll.

Wir stehen vor einem leeren Kreis. Da ist kein Hirte, keine Landschaft, kein Objekt – einfach nichts! Ist ein Mensch überhaupt in der Lage, das ›Nichts‹ zu erfahren? Kann er sich aus eigenem Willen in das absolute Nichts stürzen wie in einen dunklen, bodenlosen Abgrund?[22] Wir können annehmen, dass ein Übender die Bereitschaft entwickelt, sich vollständig zu lassen und – wie es in der Zen-Tradition heißt – ›den großen Tod zu sterben‹. Dies geschieht mit einem Menschen, wenn die Zeit für ihn reif ist. Es ist also keine planbare Handlung, deren Vollzug er steuern könnte. »Das geschaffene Nichts wird hineingezogen in das ungeschaffene Nichts«[23], so drückt es der Mystiker Johannes Tauler aus, der zumindest indirekt ein Schüler Meister Eckharts war. Im Psalm 41 klingt es dementsprechend: »Ein Abgrund ruft den anderen in sich hinein mit der Stimme deiner herabstürzenden Wasser.«[24]

Shizuteru Ueda spricht im Zusammenhang mit dem achten Ochsenbild von der ›Negation der Negation‹ und versteht darunter eine Bewegung des Nichts, die sich in zwei Richtungen vollzieht. In der ersten Richtung vertieft sich das Nichts, indem es nochmals verneint wird, zum unendlich offenen Nichts. In der zweiten (Gegen-)Richtung bewirkt die Negation der Negation eine Umkehr zur Bejahung, vergleichbar mit der mathematischen Regel ›Minus mal Minus ergibt Plus‹. Im achten Bild geht es also um den Umschwung der absoluten Negation zum großen ›Ja‹, um den Wandlungsprozess, der durch den Tod hindurch zum Leben führt.

Meister Eckhart nennt dieses mystische Geschehen »Vernichten des eigenen Selbst«. Das Selbst, das sich versteht als ›Ich bin ich‹, muss sterben. Nur so ist die ›Auferstehung‹ zum ›selbstlosen Selbst‹ und zur Fülle des Lebens möglich. Die neue Identität besteht im »Ich bin, indem ich nicht ich bin, ich«.[25]

Die ›Gottesgeburt in der Seele‹ (nach Meister Eckhart) hatten wir dem siebten Ochsenbild zugeordnet. Nun liegt es auf der Hand, dass das achte Bild seine Entsprechung findet im ›Sich-selbst-Lassen‹ und ›Gott-Lassen‹ und dem damit verbundenen ›Durchbruch zur Gottheit‹: Der Mensch wird hineingezogen in ›das überseiende Nichts‹, das alles in sich birgt.

Eine jegliche Konzeptualität, bezogen beispielsweise auf ein Selbst- oder Gottesbild, eine Weltanschauung oder eine Vorstellung von Erleuchtung, löst sich auf und hat keine Chance, neu zu entstehen: »Die Flocken des Schnees – wie könnten sie fallen in lodernde Flammen?« (in der zweiten Strophe des Gedichts)

Was bleibt? Das Gegründet-Sein im Einzig-Einen und das Aufgehen in eine unermessliche, offene Weite. Hat sich somit alles Individuelle aufgelöst? Ganz im Gegenteil: Es wird *eingelöst* und geht auf in seine höchste Fülle. Man denke nur an so manche Zen-Patriarchen mit ihren ausgeprägten (manchmal auch kauzigen) Charakterzügen, an ihre Authentizität, Spontaneität und schöpferische Kraft!

# IX. RÜCKKEHR ZUM URSPRUNG

# IM URSPRUNG

Zum Ursprung zurück,
an die Quelle gelangt –
ist das nicht schon
ein falscher Schritt?

Weit besser ist's,
zu Haus zu bleiben,
ohne Getue,
blind und taub!

In seiner Hütte
weilt der Mann
und achtet nicht
auf Dies und Das.

Der Fluss fließt endlos,
wie er fließt.
Die Blüten, so rot,
für wen sie wohl blüh'n?

# BETRACHTUNG: EINSWERDEN (2) – AUFGEHEN ZUM ›LEBEN OHNE WARUM‹

Im Bild erkennen wir einen blühenden Pflaumenbaum, Bambuspflanzen, Felsen und Wasser, dessen Bewegung in weich fließenden Linien dargestellt ist. Natur steht hier für das Einfache, Ursprüngliche und Reine. Der Mensch taucht nicht auf. Denn es geht hier um die Wahrheit der Dinge, um ihr So-Sein. Aber dennoch handelt es sich um ein ›Bildnis des neuen Menschen‹, repräsentiert durch die Selbstlosigkeit der Natur. Der Lyriker, Theologe und Mystiker Angelus Silesius drückt dies unübertrefflich aus: »Die Ros' ist ohn' Warum; sie blühet, weil sie blühet, sie acht't nicht ihrer selbst, fragt nicht, ob man sie siehet.«[26]

Der erleuchtete Mensch ist so wesentlich geworden wie diese Rose und er erkennt auch die Dinge in ihrem Wesen. Die Welt ist durchlässig für das Licht der Wahrheit.

Das neunte Bild hat einen ganz und gar kontemplativen Charakter. Wenn wir aus reinem Herzen schauen, erkennen wir unser ›Gegenüber‹ als das, was es in Wahrheit ist; besser: Da ist eigentlich kein Gegenüber, denn wir sind eins geworden mit dem Geschauten. Wir betrachten das Kommen und Gehen der Dinge, das Aufblühen und Verwelken in der Natur, das Fließen des Wassers. Und wir fließen mit, in grundsätzlicher Übereinstimmung mit allem, was geschieht, so, wie wir uns beim *Zazen* mit dem Atem verbinden und mit ihm strömen.

Wir sind wie Kinder, die zum ersten Mal in ihrem Leben Farben erkunden. Farbkasten, Pinsel, Wasser und das, was sich auf dem Papier ›ereignet‹, sind keine Objekte, die uns gegenüberstehen. Da ist kein ›Ich‹, das malt, sondern da ist nur noch ›Malen‹.

Unser Handeln erwächst aus dem Zustand der inneren Stille, es ist ein ›Tun durch Nicht-Tun‹, ohne in die vorhandene, natürliche Ordnung einzugreifen: das daoistische ›*Wúwéi*‹. Nur jenseits des dualistischen Denkens können wir natürlich, spontan und anstrengungslos handeln. Nur das, was im

Einklang mit dem Ursprung und der umfassenden Wahrheit des *Dao* getan wird, stört die Ordnung des Ganzen *nicht* und wirkt sich fruchtbar aus.

Ich verfolge keine Absichten mit meinen Handlungen, denn diese ›entspringen‹ – ohne mein Zutun – aus der Tiefe meines Seelengrundes. Sie sind jenseits von jeglicher, angelernter Moral, »ohne Getue«, wie es im neunten Gedicht (Zeile 7) heißt. Ich tue ohne Eigenwillen genau zur richtigen Zeit das, was zu tun ist. Dabei bin ich bestimmt von einer Güte, die gar nicht anders kann, als Gutes hervorzubringen.

Genau dieses Handeln ohne Absicht und Eigenwillen ist auch ein zentrales Anliegen Meister Eckharts. Er geht in seiner ›Armutspredigt‹ (Pr. 52) auf die erste Seligpreisung der Bergpredigt ein (›Selig sind die aus dem Geiste Armen, denn ihrer ist die Königsherrschaft der Himmel.‹[27]) und beschreibt den im vollen Sinne armen Menschen als einen, der nichts will, nichts weiß und nichts hat.

- Ein Mensch, *der nichts will* und nichts begehrt, gibt – nach Eckhart – sogar den Willen auf, Gottes Willen zu erfüllen, und er hat kein Verlangen mehr nach Ewigkeit und nach Gott. Denn diejenigen, die noch ein Verlangen nach Gott haben und den Wunsch hegen, Gottes Willen zu erfüllen, suchen etwas zu ihrem eigenen Vorteil und ›halten letztlich noch an ihrem selbstischen Ich fest‹.[28]
- Ein armer Mensch, *der nichts weiß*, identifiziert sich in keiner Weise mit seinem eigenen Wissen. Er wird vielmehr eins mit einer in seiner Seele wirkenden Kraftquelle, von der Erkennen und Lieben ausströmen. Es ist eine Kraft, die auf nichts Hinzukommendes wartet und die ›weder gewinnen noch verlieren kann‹.[29]
- Mit einem armen Menschen, *der nichts hat*, verbindet Eckhart viel mehr als eine äußere, materielle Armut. Einem wirklich armen Menschen gehört noch nicht einmal ein innerer ›Raum‹, in dem Gott wirken könnte.[30]

Der ›Arme‹, der nichts will, nichts weiß und nichts hat, ist selbstverständlich ein sehr ›Reicher‹. Er ist so reich, weil er – wie im neunten Ochsenbild – zu seinem Ursprung heimgekehrt und in ihm der volle Reichtum des Lebens aufgegangen ist. In Meister Eckharts Sprache könnte er sagen: »Hier ist Gottes Grund mein Grund und mein Grund ist Gottes Grund«.[31]

Durchaus vergleichbar mit dem neunten Ochsenbild, das mit der Reinheit der Natur (repräsentiert durch den blühenden Pflaumenbaum und das fließende Wasser) auf die Wahrheit und Fülle des Seins hinweist, ist Eckharts Verständnis von Natur, die für ihn mit all ihren Kreaturen ein Buch der Offenbarung Gottes ist. In Predigt 9 spricht er:

»Wer weiter nichts als die Kreaturen erkennen würde, der brauchte an keine Predigt zu denken, denn jegliche Kreatur ist Gottes voll und ist ein Buch.«[32]

Ebenso sieht der Zen-Patriarch *Dōgen* in der Natur eine Offenbarung des Höchsten. Er bezeichnet eine Pflaumenblüte als »das Auge des *Śākyamuni* Buddha«[33] und im achten Kapitel *Keisei-sanshoku* (Klang des Tales, Farbe der Berge) seines Hauptwerks *Shōbōgenzō* zitiert er die Verse des Dichters *Shì-sēn*: »Der Klang des Flusses im Tal ist seine [Buddhas] große Sprache. Die Farben der Berge sind sein reiner Körper.«[34]

Blicken wir nun noch mit dem chinesischen Chán-Meister *Qīngyuán Wéixìn* (jap. *Seigen Ishin*), der im 9. Jahrhundert in der Zeit der Tang-Dynastie (618–907) lebte, auf drei unterschiedliche Entwicklungsstufen des Bewusstseins, wobei die dritte Stufe genau dem neunten Ochsenbild entspricht:

> »Dreißig Jahre, bevor ich das Zen-Studium begann, sagte ich: ›Berge sind Berge; Flüsse sind Flüsse.‹ Nachdem ich Einsicht in die Wahrheit durch die Anweisung eines guten Meisters gewann, sagte ich: ›Berge sind nicht Berge; Flüsse sind nicht Flüsse.‹ Aber nun, nachdem ich den Verweilort der letzten Ruhe [das ist eine Umschreibung für Erleuchtung] erlangt habe, sage ich: ›Berge sind wirklich Berge; Flüsse sind wirklich Flüsse.‹«[35]

Versuchen wir, die Erfahrungen, die *Qīngyuán Wéixìn* hier andeutet, genauer zu analysieren:

1. ›Berge sind Berge; Flüsse sind Flüsse‹:
   So spricht ein Mensch, der der Erscheinungswelt verhaftet ist und noch nicht merkt, dass er von seinem ureigenen Selbst ganz und gar entfremdet ist. Er nimmt die Berge und Flüsse als Objekte wahr, die von ihm abgetrennt sind. Von seinem subjektiven Standort aus ist es ihm nicht möglich, das Wesen der Dinge zu erfassen. Doch geht er in seiner Naivität davon aus, dass der von ihm wahrgenommene, gedachte und von den eigenen Projektionen ›überlagerte‹ Berg identisch ist mit dem wirklichen Berg. Dies ist der Bewusstseinsstand *vor* der Suche, die im ersten Ochsenbild beginnt.

2. ›Berge sind nicht Berge; Flüsse sind nicht Flüsse‹:
   Das kleine Ich, das sich selbst und die Phänomene objektiviert hat, kommt in eine Identitätskrise (vgl. die Erläuterungen zum ersten Ochsenbild). So gerät die strikte Subjekt-Objekt-Trennung ins Wanken. Im großen Zweifel (jap.: *dai-gidan)* kommt der Übende zur Erfahrung des ›Nicht-Ich‹, des ›Nicht-Berges‹ und des ›Nicht-Flusses‹. Er wagt es, sich einzulassen auf die Tiefendimension des Lebens, in der sich die Projektionen, falschen Identifizierungen und (Schein-)Sicherheiten allmählich auflösen.

3. ›Berge sind wirklich Berge; Flüsse sind wirklich Flüsse‹:
   Berge und Flüsse werden erst dann *wirklich* Berge und Flüsse, wenn ich realisiere, dass sie *in mir* sind und ich mich *in ihnen* erkenne. Zugleich mit dem Freiwerden des wahren selbstlosen Selbst zeigen sich die Berge und Flüsse in ihrer wahren Ganzheit und Soheit. Der Mensch steht mit allen Dingen gemeinsam in einem offenen dialogischen Raum.

Der blühende Pflaumenbaum offenbart sich demjenigen, dessen Herz ein ›Nichts-Herz‹[36] geworden ist, das ist das offene empfängliche Herz desjenigen Menschen, in dem sich ein ›selbstloses Selbst‹ verwirklicht hat.

Das Nichts, das alles in sich birgt, ist und bleibt gegenwärtig als das absolute Wesen, als unsagbare Leere und als die Ungeschiedenheit des achten Bildes. Das neunte Bild stellt dagegen die ›Vermählung‹ des Absoluten mit dem Relativen dar. Die vielen unterscheidbaren Formen sind nicht getrennt vom Absoluten. So wird in der Einheit des achten und neunten Bildes der Kernsatz des berühmten Herz-Sūtras »Form ist Leere, und Leere ist Form« verdeutlicht.

›Erwachen‹ findet in der Tiefe des Herzens statt. Das Herz ist der Ursprungsort des Atems und des Lebens, der ›Ort‹ der tiefsten Weisheit. Meister *Tài-me* appelliert an seine Schüler:

»Wendet euer Herz um und gelangt in den Ursprung! Sucht nicht nach dem Entsprungenen! Wenn ihr den Ursprung gewonnen habt, kommt das Entsprungene von selbst zu euch. Wenn ihr den Ursprung wissen wollt, dann durchblickt euer eigenes und anfängliches Herz. Dieses Herz ist der Ursprung alles weltlich und außerweltlich Anwesenden.«[37]

Aber welche Bedeutung haben die ersten vier Zeilen des neunten Gedichtes? Sie lauten: »Zum Ursprung zurück, an die Quelle gelangt – ist das nicht schon ein falscher Schritt?«

Eine mögliche Antwort auf diese Frage: Ja, es ist dann ein falscher Schritt, wenn die Rückkehr zum Ursprung ein Sich-Abkehren vom Alltäglich-Weltlichen nach sich zieht. Direkt im Anschluss dieses Verses heißt es: »Weit besser ist's, zu Haus zu bleiben, ohne Getue, blind und taub!«

Dieser Satz ist so zu verstehen, dass der Erwachte in innerer Abgeschiedenheit ›im Hause‹ seines wahren Selbst lebt und handelt. Abgeschiedenheit besteht aber gerade nicht darin, sich in eine isolierte Innerlichkeit zurückzuziehen, sondern bewirkt – ganz im Gegenteil – die größtmögliche Nähe zu den Mitmenschen und zu allen Dingen. Einer, der in der Mitte seines Herzens angekommen ist, lebt und wirkt damit zugleich auch in der Mitte der Welt. Er »tanzt im Herzen aller Menschen«.[38] Geistesgegenwärtig lebt er in der Einheit von Innen und Außen, vollkommen natürlich und nicht manipulierbar durch äußere Einflüsse. Sein Bewusstseins-Spiegel spiegelt unbestechlich alle Farben und Formen, ohne selbst in seiner Präsenz und Klarheit beeinträchtigt zu werden. Auch wenn der Spiegel noch so viele Phänomene aufnimmt, abbildet und widerspiegelt, so hinterlassen diese doch keinerlei Spuren auf und in ihm selbst.

Allerdings ist der Mensch auf einen umfassenderen Sinn angelegt und nicht nur auf die ›Spiegel-Funktion‹ seines Bewusstseins eingeschränkt. Aufgrund seiner geistigen Kraft kann er die Soheit der Dinge *erkennen*. Dies bedeutet im Tiefsten, eins zu werden mit den Dingen. Da der Mensch in Beziehung und Verbundenheit mit der gesamten Welt steht, spannt er sich ins Unendliche aus. Seine Sehnsucht ist darauf ausgerichtet, das Ganze zu erkennen und mit ihm eins zu werden.

Die Lehre von der Soheit der Dinge und die Erfahrung des kosmischen Bewusstseins, die sich im neunten Ochsenbild ausdrücken, sind durchaus verwandt mit der Erfahrungs- und Geisteswelt des Aristoteles, der ebenfalls sowohl von der Wahrheit aller Dinge spricht als auch hervorhebt, dass die Seele in gewisser Weise alles Seiende *ist*.

# X. Zum Markt gehen

## AUF DEM MARKT

Mit freier Brust
und nackten Füßen
geht er auf den Markt.

Obgleich sein Haupt
beschmutzt von Staub,
sind ihm die Wangen
überströmt von einem
Lachen, machtvoll mild.

Nicht bedarf er ferner
der Götter Wundermacht.
Legt er nur seine Hände auf,
steht der verdorrte Baum
alsbald in voller Blüte.

## BETRACHTUNG: EINSWERDEN (3) – ERWACHEN ZUR ›FÜLLE DES LEBENS‹ IM WIR

Der Ort des Geschehens ist ein Marktplatz. Es geht also um das alltägliche Leben mitten in der Welt. Auffällig ist zunächst, dass hier im letzten Ochsenbild ein einziges Mal in der gesamten Bildreihe *zwei* Menschen dargestellt sind, die miteinander kommunizieren. Der eine ist ein junger Bursche, der am Anfang seines spirituellen Weges zu stehen scheint. Der andere ist ein dickbäuchiger Greis, den wir zunächst wohl kaum mit der Person des Hirten, wie sie uns aus dem siebten Bild in Erinnerung geblieben ist, identifizieren können. Dass er uns seinen entblößten Bauch und auch den Nabel präsentiert, ist nach japanischer Tradition geradezu unanständig und schamlos. Den Bauchnabel öffentlich zu zeigen, zieht nach alter, tief verwurzelter Überzeugung Verdammung und Tod nach sich. Japan ist bis heute von einer Schamkultur geprägt. Damit hängt auch zusammen, dass über viele Jahrhunderte alle Männer sowohl im Winter als auch im Sommer eine Bauchbinde (*Haramaki*) getragen haben. Der Dickbäuchige des zehnten Ochsenbildes setzt sich über all diese kulturellen Konventionen hinweg. Das ist ein Sinnbild für die Freiheit und uneingeschränkte Furchtlosigkeit dieses Menschen.

Seine Gestalt kommt der Form einer Kugel nahe und symbolisiert damit die Vollkommenheit der Buddha-Natur. *Tenshō Shūbun* stellt mit dem wohlbeleibten Mann den Typus des wandernden Heiligen dar, den wir aufgrund seiner Attribute (z. B. Almosensack und Reiswein-Kanne) unschwer als den wandernden Bettelmönch *Bùdài* (jap. *Hotei*) erkennen können, der im zehnten Jahrhundert in China lebte. Er wurde später in Südchina als inkarnierter Maitreya-Bodhisattva und Buddha der Zukunft verehrt. In Japan gehört er zu den sieben Glücksgöttern.

Dass diese Buddha-Figur hier ins Bild gesetzt wurde, kann zunächst schlichtweg als künstlerisches Mittel eingeschätzt werden, mit dem der Maler die radikale Wandlung des Hirten, seine Wiedergeburt als neue Persönlichkeit, zum Ausdruck bringen wollte. Wie sollte man denn auch sonst darstellen, dass er nun ein Erwachter ist? Aber auch wenn dieser freundlich lächelnde Bodhisattva in so starkem Kontrast zu der Gestalt des Hirten (in den ersten Ochsenbildern) steht, bedeutet das nicht, dass diese Abbildung nichts mit den ersten Bildern gemein hat – die Kontinuität bleibt erhalten. Aus der Sicht abendländischer Anthropologie und Psychologie wäre jedenfalls eine Auffassung inakzeptabel, nach der das Erwachen des Hirten in einem Verlust seiner Individualität bestünde. Dies kann nicht die Voraussetzung dafür sein, dass die Buddha-Natur sich verwirklichen kann. Die Auflösung des kleinen Ich, die natürlich unabdingbar für den Durchbruch ist, darf keinesfalls verwechselt werden mit der Zerstörung des Individuums.

Nach Shizuteru Ueda lehrt Zen angeblich über »die Ursprünglichkeit des Erwachens bei einem jeden: Dasselbe Erwachen zu derselben Wahrheit mache einen jeden zu demselben Buddha.«[39] Werden demnach sehr unterschiedliche, einzigartige Menschen, die erwachen, alle zu einem ›Einheits-Buddha‹? In welcher Beziehung steht das *Eine* zu den *Vielen* und was können wir zu der existenziellen Wirklichkeit einer befreiten und transzendenten Person sagen?

Uedas Behauptung kann zunächst von der buddhistischen Tradition her entgegengehalten werden, dass es durchaus unterschiedliche Buddhas gibt. Im *Buddhavaṁsa* des Pali-Kanon sind viele Buddhas, die vor Siddharta Gautama (Buddha *Śākyamuni*) gelebt haben, namentlich genannt, z. B. der Buddha *Dīpaṃkara*, Buddha *Nārada* und Buddha *Kassapa*, die sich alle durch besondere Merkmale voneinander abheben. Auch wird ein neuer Weltenlehrer erwartet, nämlich der Buddha *Maitreya*, dem universale Liebe und eine ›*alle Werke vollendende* Weisheit‹ zugesprochen wird, während sich Buddha *Śākyamuni* durch seine ›*alles unterscheidende* Weisheit‹ auszeichnet. Im Buddhismus ist also offensichtlich die Auffassung verbreitet, dass sich die Buddhas bei all ihrer Universalität dennoch durch individuelle Prägungen voneinander unterscheiden.

Die Personalität scheint durch das Erwachen keineswegs aufgelöst zu werden, sondern zu ihrer Vollendung zu kommen. So vertritt im Gegensatz zu Ueda ein anderer Philosoph der Kyoto-Schule, nämlich *Masao Abe*, die Ansicht, der Mensch könne *eine wirkliche Person* und damit zugleich ein Erwachter werden, indem er Erbarmen und Weisheit entwickelt. Auch das Nirvana bestünde keineswegs in einer ›undifferenzierten Gleichheit‹ des Menschen mit den Dingen, d. h. in einem Verlust des Personseins, sondern vielmehr in der »Verwirklichung des wahren Selbst des Menschen«.[40]

Genau darin besteht die Würde eines jeden Menschen, dass sich sein wahres Selbst in je einmaliger und unverwechselbarer Form verwirklicht und sich im Erwachen gerade *nicht* zu ein und demselben Buddha vereinheitlicht. Auch der Philosoph *Keiji Nishitani* vertritt die Auffassung, dass sich Erwachen und Person-Sein keineswegs gegenseitig ausschließen. Ihm gelingt es, dem Mysterium der Person, das mit Worten eigentlich gar nicht auszudrücken ist, sehr nahe zu kommen:

> »Das wahre Nichts ist ein lebendiges Nichts; und ein lebendiges Nichts kann sich nur im Selbstsein und als das Selbstsein bezeugen. In einem solchen ›existentiellen‹ Umschlag [im Durchgang durch das Nichts; Hinzfg. d. Verf.] hört das Selbst jedoch nicht auf, ein personhaftes Sein zu sein. Was zurückgelassen wird, ist lediglich die personzentrierte Auffassung von ›Person‹, das heißt, die Weise, in der die Person in sich selbst aufzufassen ist. Gerade in dieser Umkehr aber wird die personale Seinsweise realer und kommt dem Selbst näher und tritt so in Erscheinung, wie sie wirklich und in Wahrheit ist. Wenn die personzentrierte Konzeption von ›Person‹ gebrochen ist und das Nichts wirklich wird, indem es sich tatsächlich im Selbst realisiert, kommt auch die personhafte Existenz im Selbst zur wahren Verwirklichung. Dies ist gemeint, wenn von absoluter ›Negation-sive-Affirmation‹ die Rede ist. Hier entsteht die Seinsweise, die man als eigene ›Persönlichkeit‹ bezeichnet, in eins mit dem absoluten Nichts.«[41]

Mit der Formulierung ›Negation-sive-Affirmation‹ (Verneinung oder Bejahung) möchte Nishitani die dialektische Bewegung des Selbst beschreiben, das sich sowohl von seiner personzentrierten Konzeption als auch von seiner personhaften Existenz löst, um sich dem absoluten Nichts zu öffnen. Dabei negiert das Selbst nicht nur seine bisherigen Identifikationen und Vorstellungen, sondern auch seine eigene Negation. Diese doppelte Negation ist zugleich eine Affirmation, denn sie ermöglicht dem Selbst, seine wahre Persönlichkeit zu entfalten, die nicht an eine bestimmte Form oder Substanz gebunden ist, sondern an die Dynamik des Nichts. Das Nichts ist also nicht nur das Ziel, sondern auch Ursprung und Grundbedingung für das Selbst. Indem das Selbst das Nichts realisiert, realisiert es sich selbst als Nichts (im Sinne größter Offenheit) und als Persönlichkeit.

Das Erwachen des Hirten darf nicht statisch verstanden werden, sondern als dynamischer Wachstumsprozess des selbstlosen Selbst. Die Entwicklung ist offen und unbegrenzt. Sie macht noch nicht einmal Halt vor der Stufe der Bodhisattvas und Buddhas. Durch die Gestalt des Hotei soll einfach die Größe und Strahlkraft der Buddha-Natur, die sich im Hirten verwirklicht hat, ausgedrückt werden. Doch Vollendung kommt niemals an ein Ende, sondern entfaltet sich in einem kontinuierlichen Neuwerden.

»Er hat sein gelichtetes Wesen schon tief vergraben und erlaubt sich, von den befahrenen Geleisen der altehrwürdigen Weisen sich abzuwenden.«
[…] »Wie es ihm gefällt, besucht er die Weinkneipen und Fischbuden, um die betrunkenen Menschen zu sich selbst erwachen zu lassen.«[42]

Sehr ähnlich klingt es im Dao-de-jing:
»Mildere dein Glänzen und werde eins mit dem Staub der Erde. Dies nennt man: verborgenes Eins-Werden.«[43]

Wenn sich das uranfängliche Wesen eines Menschen verwirklicht hat, dann kann dieser gar nicht anders, als die Kraft, die aus der Quelle des Lebens strömt, weiterzugeben. Aber natürlich nicht zwanghaft als ›Missionar‹, der aus Geltungssucht glaubt, die ganze Welt retten zu müssen. Der Weg des Erwachten entspringt unscheinbar und ganz natürlich aus seinem Herzensgrund. Da quillt etwas über und an diesem Überfluss, an dieser Fülle des Lebens kann jeder teilhaben, der möchte.

Bei Meister Rinzai heißt dies ›das freie Spiel der Rettung‹. Er drückt dieses Dasein für die Mitmenschen und das barmherzige Handeln mitten im ›Staub der Welt‹ auch mit dem Bild ›Juwel im Schlamm‹ aus. Alle Kraft zu diesem fruchtbaren Wirken kommt aus dem Ort, in den kein anderer eintreten kann, »wo die Reisigpforte fest verschlossen ist«.[44]

Eine solche radikale Abgeschiedenheit ermöglicht – wie bereits im Kommentar zum neunten Ochsenbild erwähnt wurde – paradoxerweise die innigste Nähe zu den Mitmenschen. Sie ist die absolute Mitte und der Ruhe- und Nullpunkt, der alles in sich birgt, der ›Ort‹ der Integration von Leere und Form.

Was Martin Buber als das ›Zwischen‹ in der Ich-Du-Begegnung bezeichnet, wird von Shizuteru Ueda mit dem Ausdruck »Doppelselbst der Kommunikation« umschrieben: »Ich bin ›Ich und Du‹; ›Ich und Du‹, das bin ich.«[45]

»Die Drei-ein-heit des selbstlosen Selbst«[46] oder die drei zusammenwirkenden und ineinandergreifenden Aspekte des Erwachens, wie sie im achten, neunten und zehnten Ochsenbild dargestellt werden, seien hier noch einmal zur Übersicht angeführt:

- *Das Hineinsterben des ›Ich-bin-Ich‹ ins absolute Nichts, in die Ungeschiedenheit, und die Wandlung zum ›selbstlosen Selbst‹*
- *Die ›Auferstehung‹ zur ursprünglichen Einfachheit, Soheit und Unterschiedenheit*
- *Die Gemeinschaft‹ des gemeinsamen Lebens im »Doppelselbst der Kommunikation«*[47]

Der Ochsenhirt ist hindurchgebrochen zu seiner tiefsten und ureigenen Identität, in der er nun als Bodhisattva lebt und wirkt. Im freien Wechsel- und Zusammenspiel der drei angeführten Verwirklichungsebenen ist er für seine Mitmenschen da. Es ist bezeichnend für den Bodhisattva (wörtlich: Erleuchtungswesen), dass er nicht nur für sich selbst Erleuchtung erreichen möchte, sondern mit aller Kraft danach strebt, alle anderen, mit denen er zusammenkommt, zum Erwachen zu führen.

Das Bodhisattva-Ideal überschneidet sich mit dem Archetypus des heiligen Narren, der völlig außerhalb von Konventionen, Normen und feststehenden Denkmustern agiert. Er fühlt sich keineswegs gebunden an bestimmte Regeln einer spirituellen Praxis. In kindlicher Unschuld und Herzensreinheit handelt er unberechenbar und spontan, und seine größte Freude besteht darin, seine Mitmenschen zu der großen Freiheit aufzuwecken, aus der heraus er selbst lebt. Tief verbunden mit der Natur und in Harmonie mit den kosmischen Gesetzen lässt er sich leiten vom ursprünglichen Geist, der in allem präsent und wirkmächtig ist. Allerdings wird die Herzensweisheit des heiligen Narren oft von einseitig rational gesteuerten Welt-Menschen für Torheit gehalten.

Im zehnten Ochsenbild geht es um eine Liebe, die über die meisten uns vertrauten Arten von Mitgefühl und Nächstenliebe hinausgeht. Wir hatten bereits hervorgehoben, dass der zum selbstlosen Selbst erwachte Mensch im ›Doppelselbst der Kommunikation‹ eine neue Identität gewinnt, aus der heraus er sagen kann: »Ich bin ›Ich und Du‹; ›Ich und Du‹, das bin ich.« Dies bedeutet, dass die Dualität der dialogischen Liebesbeziehung – zumindest zeitweilig – überstiegen und zu einer Einheit wird. Eine solche Verbundenheit und Einheit, bei der das Du in den Mittelpunkt der eigenen Bewusstheit und Identität rückt, gehört sicherlich zu den tiefsten Erfahrungen und Verwirklichungen der Liebe überhaupt. Sie ist nicht zu trennen von der mystischen Einswerdung mit dem Einen bzw. der absoluten Leere, die dem, der in ihr versinkt, zur Fülle des Lebens wird. Einer der großen heiligen Narren ist der Zen-Mönch *Ryōkan* (1758–1831). Eine Szene aus seinem Leben und eine kurze Beschreibung seiner Persönlichkeit mögen die tiefe Verbundenheit mit seinen Mitmenschen im Sinne des zehnten Ochsenbildes und die Reinheit seines Erleuchtungsgeistes veranschaulichen.

»Einmal wurde Ryōkan von einem Verwandten gebeten, mit dessen straffällig gewordenem Sohn zu sprechen. Ryōkan kam und besuchte die Familie, aber sprach kein Wort der Ermahnung zu dem Jungen. Er blieb über Nacht und machte sich am nächsten Morgen fertig zum Aufbruch. Als der eigenwillige Junge beim Binden von Ryōkans Strohsandalen half, fühlte er einen warmen Wassertropfen auf seiner Schulter. Wie er hochblickte, sah er Ryōkan mit Tränen in den Augen auf ihn schauen. Schweigend ging Ryōkan davon, doch bald darauf besserte sich der Junge.«

»Der Zen-Mönch Ugan, ein enger Freund von Ryōkan, schrieb: Wenn Ryōkan kommt, so ist es, als sei der Frühling an einem dunklen Wintertag gekommen. Sein Wesen ist rein, und er ist ohne jede Verstellung und Falschheit. So ähnelt Ryōkan den ›Unsterblichen‹ der alten Zeiten aus Dichtung und Religion. Er strahlt Wärme und Mitgefühl aus. Er wird nie ärgerlich und überhört die Kritik der anderen. Die bloße Begegnung mit ihm weckt das Gute in den Menschen.«[48]

# 2. DIE FÜLLE DES LEBENS

## 2.1 DIE ZEHN THEMEN DER OCHSENBILDER IM ÜBERBLICK

Um die Ochsenbilder in ihrer Ganzheit besser würdigen zu können und ein Gefühl für ihre Gesamtstruktur zu bekommen, sollen hier noch einmal alle zehn Themen der Ochsenbilder aufgelistet werden, ehe der Blick auf die ersten sechs Ochsenbilder mit kurzen zusammenfassenden Texten folgt.

I. Verloren sein
II. Sich orientieren
III. Entdecken
IV. Sich aneignen
IV. Vertraut werden
V. Sich verbinden
VI. Sich vereinigen
VII. Einswerden –
Erster Aspekt: In den ›Grund des Lebens‹ fallen
IX. Einswerden –
Zweiter Aspekt: Aufgehen zum ›Leben ohne Warum‹
XI. Einswerden – Dritter Aspekt: ›Fülle des Lebens im Wir‹

Aus der anfänglichen Ferne und Entfremdung von der eigenen Selbst-Natur kommt es beim Suchenden von Bild zu Bild zu immer mehr Nähe, Intimität und schließlich zum Eins-Werden mit seinem Wesenskern. Es ist ein Weg aus tiefster Dunkelheit zum strahlenden Licht, vom ›Zum-Tode-Erschöpft-Sein‹ (12. Zeile des ersten Gedichtes) bis zum Durchbruch ins volle Leben.

## 2.2 Die ersten sechs Bilder mit Kurzkommentaren

### I. Verloren sein

Bei aller Verstrickung in der Welt der Gegensätze und Begierden, in Orientierungslosigkeit und tiefster Verzweiflung bricht der Hirte auf, den verlorenen Ochsen zu suchen.

### II. Sich orientieren

Das Lesen der Fährte, der Hinweise aus den überlieferten Schriften, führt ihn zur verstandesmäßigen Erkenntnis: Alles Anwesende geht auf das ur-eigene Selbst zurück.

### III. Entdecken

Die erste unmittelbare Schau der Selbst-Natur in ihrer Verbundenheit mit der Außenwelt. Nirgends ein Ort, wohin sich der Ochse nun noch dem Hirten entziehen kann.

## IV. Einfangen

Der Kampf beginnt: Die Aneignung und Integration der geistigen Kräfte sowie der elementaren Triebe unter dem Einsatz höchster Willenskraft, Beharrlichkeit und Konzentration.

## V. Vertraut werden

Trotz der Kenshō-Erfahrungen muss die Übungspraxis mit Geduld und Sanftmut durchgehalten werden. Bezeichnet wird dies als »langmütiges Wachsenlassen des heiligen Leibes«.

## VI. Sich verbinden

Kampf und Mühsal sind vorbei; auf dem Ochsen reitet der Hirte heim. Er spielt ein friedliches Abendlied auf der Flöte.
Ein Wissender ist er nun mit einem Herzen aus Glückseligkeit.

# 2.3 DIE LETZTEN VIER BILDER IM VERGLEICH MIT EBENEN MYSTISCHER ERFAHRUNG BEI MEISTER ECKHART

| | ZEN | ECKHART |
|---|---|---|
|  VII | Heimkehr ins Innerste | ›vereinunge‹ |
| | Einung mit der eigenen Wesensnatur | ›Gottesgeburt‹im Seelengrund |
| | Dankbarkeit und Ehrfurcht vor dem allumfassenden Einen | Gott im Innersten als ›Gegenüber‹ |
| | Verbundenheit in dialogischer Dualität | Einheit in Unterschiedenheit |
| 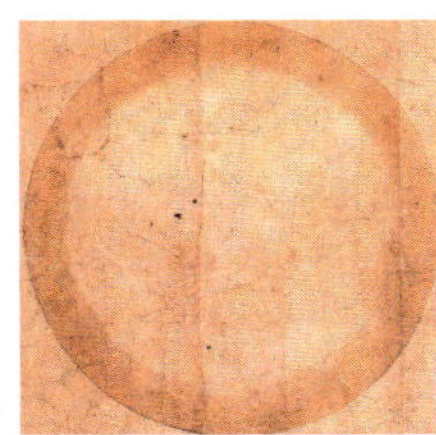 VIII | ›Den großen Tod sterben‹ | |
| | Auflösung des ›Ich-bin-ich‹ | ›niht-werdenne sin selbes‹ |
| | Eingehen in das absolute Nichts | Durchbrechen zur Gottheit, zum ›überseienden Nichts‹ |
| | Einswerdung mit dem Einen | ›daz ez ein ist und niht vereinet‹ |
| | Negation der Negation | ›nihtes niht‹ |
|   IX | Rückkehr zum Ursprung und zum Einfachen der Natur | Leben aus dem Grunde des Lebens |
| | ›Auferstehung zum selbstlosen Selbst‹ | ›leben gibet ze erkennenne sich selber âne got‹ |
| | Einswerdung mit der ›Soheit‹ der Dinge | ›umbe warumbe‹ |
|  X | Das ›Doppelselbst der Kommunikation‹ | Fruchtbares Wirken im alltäglichen, uneigennützigen mitmenschlichen Handeln |
| | *Prajñā* und *Karuṇā* | |
| | Der ›Herz-Geist‹ in grenzenloser Offenheit | Die äußere ›minne‹ |

Zwischen den Ochsenbildern (und -gedichten) und der Sicht Meister Eckharts finden wir erstaunlich viele Übereinstimmungen. Das siebte Ochsenbild entspricht, wie bereits erwähnt, der ›Gottesgeburt im Seelengrund‹ bei Eckhart. So wie der Hirte zur Einheit mit seiner Wesensnatur gekommen ist, dabei aber weiterhin in einer dialogischen Beziehung zum ›Höchsten‹ steht, ist nach Eckhart Gott zwar im Menschen geboren, wird aber doch noch als ein ›Gegenüber‹ erfahren. Erst wenn dem Menschen die Gnade gewährt wird, ›den großen Tod‹ zu sterben (Erklärungen dazu im nächsten Kapitel), geht er in das absolute Nichts ein (achtes Ochsenbild) und das ›Ich-bin-ich‹ löst sich auf. Eckhart spricht davon, dass das Ich zu einem Nichts wird. So wird die Seele ›eins mit Gott und nicht (nur) vereint‹. In den Erläuterungen zum achten Ochsenbild ist schon von der ›Negation der Negation‹ gesprochen worden. Auch dazu finden wir bei Eckhart eine verwandte Aussage: »Wenn die Seele in das unvermischte Licht kommt, so fällt sie in ihr Nichtes-Nicht – so fern vom geschaffenen Etwas, im Nichtes-Nicht –, sodass sie durch nichts aus eigener Kraft in ihr geschaffenes Etwas zurückkommen kann.«[49]

Das neunte Ochsenbild stellt »das absolute Zusammenfallen des Nichts und des Formhaften« dar und den Übergang vom Tod zur Auferstehung. Shizuteru Ueda spricht hier vom »Auferstehungsleib des selbstlosen Selbst«. Er verbindet mit dem neunten Bild zwei Bewegungsrichtungen, die in der Grafik veranschaulicht sind: »Die eine Richtung, das Formhafte als das Nichts zu durchschauen, wird als die ›Große Erkenntnis‹ bezeichnet, während die andere Richtung, in der das Nichts unmittelbar als das Formhafte konkretisiert wird, als die ›Große Sympathie‹ (in der Grafik: als das ›Große Erbarmen‹) bezeichnet wird.«[50]

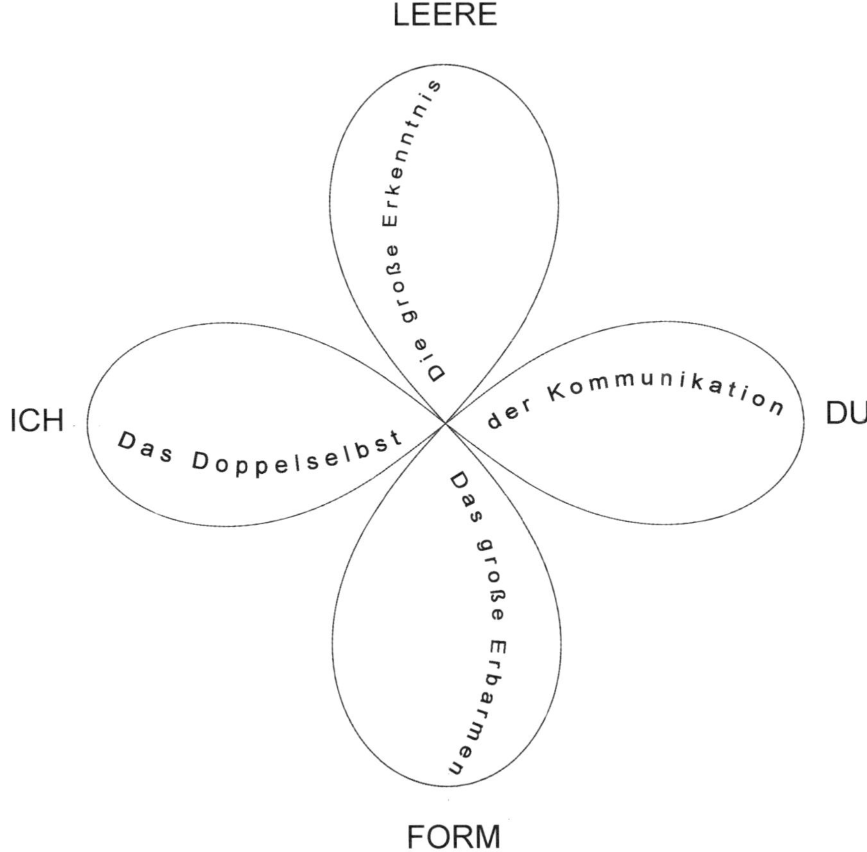


*Abb. 1: Große Erkenntnis – großes Erbarmen*

Die Natur, repräsentiert durch den blühenden Pflaumenbaum, den Felsen und das fließende Wasser, verkörpert in ihrer Reinheit und in ihrem einfachen So-Sein die ganze Wahrheit des *Dharma*. Dies drückt Meister Eckhart aus als ›Leben ohne warum:

»Wer das Leben fragte tausend Jahre lang: ›Warum lebst du?‹ – [dem] könnte es antworten, es spräche nichts anderes als: ›Ich lebe darum, dass ich lebe.‹ Das kommt daher, weil das Leben aus seinem eigenen Grunde lebt und aus seinem Eigenen quillt; darum lebt es ohne Warum eben darin, dass es sich selbst lebt.«[51]

Eckhart misst dem ›Leben ohne Warum‹ ein reineres Erkennen zu, als es im Licht der Ewigkeit möglich wäre: »Das Leben erkennt besser als Lust oder Licht (es vermögen), alles, was man in diesem Leben unterhalb Gottes (= abgesehen von Gott) erlangen kann, und in gewisser Weise reiner, als es das Licht der Ewigkeit zu verleihen vermag.«[52]

Das ›Doppelselbst der Kommunikation‹ ist das Thema des zehnten Bildes. Der dickbäuchige Erwachte hat sich mitten im alltäglichen Leben eingefunden, auf dem Markt, beim Reiswein-Trinken in einer Spelunke oder in seiner einfachen Hütte. Er ist aufs Tiefste mit allen seinen Mitmenschen verbunden und praktiziert die ›äußere *Liebe*‹, wie Meister Eckhart sagen würde. In ganz natürlicher und selbstverständlicher Weise knüpft er ein Gespräch an und bringt aus seiner Güte und Herzensweisheit Gutes hervor.

Hier liegt ein Vergleich nahe mit der von Meister Eckhart gedeuteten Maria-und-Martha-Geschichte (Lukas-Evangelium 10,38–42).

Die beiden Schwestern Maria und Martha empfangen Jesus in ihrem Haus. Während Martha sich um die Bewirtung kümmert, setzt sich Maria zu Jesus und hört ihm zu. Martha beschwert sich bei Jesus, dass Maria ihr nicht hilft, aber Jesus antwortet, dass Maria das Bessere gewählt hat und dass ihr dies nicht genommen werden soll.

Nach Meister Eckharts Deutung (in seiner Predigt 86) aber ist *Maria*, die im süßen Wohlgefühl der Kontemplation schwelgt und erhoben ist bis an den ›Umkreis der Ewigkeit‹, diejenige, die noch nicht zu dem Reifegrad gekommen ist, dass sie ihre Kontemplation mit den Anforderungen der alltäglichen Lebenswirklichkeit verbinden kann. Entrückt und passiv sitzt sie zu Füßen

Jesu, während Martha in der Küche arbeitet, sich tatkräftig um Jesus und die anderen Gäste kümmert und sie bedient. Eckhart lobt die Reife und die weise Besonnenheit Marthas in den folgenden Worten, die in genialer Kürze die Fülle des Lebens bezeugen:

»Ein bis ins *Allernächste* durchgeübter (Seins-)Grund.«[53]

Die ›Durchübung‹ des absoluten Seinsgrundes erstreckt sich eben bis in die konkreten Verrichtungen des alltäglichen Lebens und auch bis in die körperliche Arbeit. Die Spannung zwischen Zeit und Ewigkeit, Weltlichem und Jenseitigem bleibt als Quelle höchster Lebensdynamik erhalten, ist aber zugleich in Martha zu einem vollkommenen Einklang gekommen: ›Überseiendes Nichts‹ und Küchenarbeit. Hier spürt man die Verwandtschaft zum Geist des Zen!

Jesus fand, »dass Martha alles, was es an zeitlichem und ewigem Gut gäbe und eine Kreatur besitzen sollte, vollends besaß.«[54]

Die in Martha verkörperte Fülle des Lebens beschreibt der japanische Philosoph Shizuteru Ueda präzise: »Aufstehen aus der Vereinigung mit Gott und von Gott weggehen, sowohl durch Gott hindurch ins Nichts der Gottheit, als auch von Gott weg zur Welt- und Lebenswirklichkeit.«[55]

Echte Gelassenheit und Abgeschiedenheit bestehen darin, nicht nur sich selbst, sondern auch Gott gelassen zu haben (aufgrund des Eins-Geworden-Seins mit Gottes Grund) und abgeschieden im Nichts der Gottheit zu bleiben, während man sich mitten im Berufsalltag oder auf dem ›Marktplatz der Welt‹ befindet.

Dass ein Mensch Gott gelassen und im Nichts der Gottheit seine wahre Mitte gefunden hat, ist aber nicht gleichzusetzen mit einem Verlust jeglicher personaler Gottesbeziehung. Dies macht Eckhart deutlich mit seinem Bild vom Zimmermann, der ein Haus baut. Das Arbeiten des Zimmermanns (das Wirken Gottes) ist identisch mit dem Entstehen des Hauses (dem Werden des Menschen). So lautet die Kernbotschaft Eckharts: »Gott und ich, wir sind eins in solchem Wirken; er wirkt, und ich werde.« Das Spannende an dieser »Identität des Geschehens«[56] ist: Einssein und Verschieden-Sein, über-persönliche Identität und Nicht-Identität in personaler Beziehungsdynamik heben sich nicht gegenseitig auf! Das Wirken hat dabei allerdings den höheren Rang, denn in ihm liegt der Ursprung des Werdens. »Denn indem Gott wirkt und er sich in seinen Werken entfaltet, setzt er ja gerade das andere Sein als das andere und bringt so den grundlegenden Unterschied allererst hervor.«[57]

Das volle Leben und die Weisheit in ihrer höchsten Reife zeigen sich in der Besonnenheit.[58] Auf Martha bezogen sagt Eckhart (wiederum in Pr. 86):

»Und ›besonnen‹ schließlich nenne ich es, wenn man in guten Werken die lebensvolle Wahrheit mit ihrer lustvollen Gegenwart spürt.«[59]

Ebenso bringt der dickbäuchige Erwachte des zehnten Ochsenbildes das Gute lustvoll aus sich hervor. Seine Wangen sind überströmt von einem mächtigen, breiten Lachen. Da geht er mit einem Stab und einem ausgehöhlten Kürbis. »Wie es ihm gefällt, besucht er die Weinkneipen und Fischbuden, um die betrunkenen Menschen zu sich selbst erwachen zu lassen.«[60]

Ein erwachter Mensch ist eine Quelle des Lebens. Mit seinen schöpferischen und verwandelnden Kräften steckt er die anderen Menschen an. Wie es in den drei letzten Zeilen des zehnten Ochsengedichtes heißt: »Legt er nur seine Hände auf, steht der verdorrte Baum alsbald in voller Blüte.«

## 2.4 Die vier Samādhi-Arten nach Meister Línjì Yìxuán (jap. Rinzai Gigen)

Bei einem Abendvortrag sagte der Meister zu den Versammelten: »Manchmal nehme ich die Person weg, aber nicht die Umstände. Manchmal nehme ich die Umstände weg, aber nicht die Person. Manchmal nehme ich sowohl Person als auch Umstände weg. Manchmal nehme ich weder Person noch Umstände weg.«[61]

Diese sehr knapp gehaltene Aufzählung der vier Samādhi-Arten bedarf einer ausführlichen Erläuterung. Unter ›Person‹ versteht *Rinzai* den inneren Menschen; mit den ›Umständen‹ meint er den äußeren Menschen (z. B. seine nach außen gerichteten Interessen, seine Sinnesempfindungen und sein Körpergefühl) und die wahrgenommenen Gegebenheiten und Geschehnisse in der Außenwelt.

*I. ›Positives Samādhi‹*

Der *innere* Mensch ist in den ›Hintergrund‹ getreten; der äußere Mensch und die äußeren Umstände stehen im Vordergrund und beherrschen das Bewusstsein, das demzufolge in aktiver Weise auf einen bestimmten Gegenstand bzw. einen Ausschnitt der Außenwelt fokussiert ist. Dies ist die am leichtesten erreichbare Samādhi-Art, die auch unter den Bezeichnungen ›aktives‹ oder ›natürliches‹ Samādhi bekannt ist. Sowohl Erwachsene als auch Kinder können in eine solche Einheitserfahrung kommen, indem sie selbstvergessen in einer Tätigkeit ›aufgehen‹, was durchaus auch ungewollt, spontan und ohne besondere Einübung geschehen kann. Der innere Mensch bleibt, wie gesagt, im Hintergrund, dennoch ist er in einer passiven und unbewussten Weise wirksam. Er spendet die Kraft zur Konzentration auf ein äußeres Objekt. Ohne ein Mindestmaß innerer Sammlung und Selbstbeherrschung wäre der Mensch nicht bereit zur Hingabe und Einswerdung. Er würde sich nur im Außen zerstreuen und verlieren.

*II. ›Absolutes Samādhi‹*

Der innere Mensch übernimmt die ›Herrschaft‹, der äußere Mensch, die äußeren Umstände und das Körperbewusstsein sind völlig vergessen. Die Sinne sind nach innen gezogen und der Geist kommt zur Ruhe. Die objektive Zeit wird nicht wahrgenommen. Im Inneren hat sich ein Raum großer Stille geöffnet. Nun kann die Außenwelt den inneren Menschen in keiner Weise mehr beeinflussen. Die ersten *Kenshō*-Erfahrungen, über die wir beim vierten Ochsenbild sprachen, werden möglich.

*III. ›Der große Tod‹*

Sowohl der innere Mensch als auch der äußere Mensch sind ›weggefallen‹. Alle Bewegungen und Reflexionen des Bewusstseins sind zum Stillstand gekommen. Der Mensch ist (nach der Bezeichnung von *Hakuin Zenji*) in ›den Großen Tod‹ eingegangen und befindet sich im Geistes-Zustand des ›Nichts‹. Selbst und Welt sind absolut leer geworden.

Die zusammenhängenden Aspekte des ›Durchbruchs zum EINEN‹ und der ›Rückkehr zum Ursprung‹ entsprechen dem achten und dem neunten Ochsenbild. *Dōgen Zenji* sagt: »Wenn man von den zehntausend Dingen erleuchtet wird, verschwinden Körper und Geist wie auch Körper und Geist der anderen.«[62] Für den Erwachten ist die ganze Welt zu *einem* Herz-Geist geworden, der ihm aus allen Mit-Wesen entgegenblickt.

*IV. ›Das reife Samādhi‹*

Sowohl der innere Mensch als auch der äußere Mensch sind in voller Kraft aktiv. Sie ergänzen sich im freien Zusammenspiel. Es ist zu einer Synthese des Absoluten mit dem positiven Samādhi gekommen. Im reifen Samādhi kann der reine, ursprüngliche Geist frei in der Welt wirken, ohne sich von den äußeren Umständen in Beschlag nehmen zu lassen.

Der Mensch kann sich an jedem Ort des alltäglichen Lebens seinen Mitmenschen zuwenden. Wie wir es bei Meister Eckhart gehört haben, ist der Mensch nicht *in* den Dingen, sondern souverän und frei nahe *bei* den Dingen.

Innen und Außen, das EINE und die zehntausend Dinge sind eins geworden – und doch bleibt ein jedes in seiner Einzigartigkeit.

Der Erwachte, der auf den Marktplatz kommt, ist von unbegrenzter Offenheit und jenseits von Kommen und Gehen und von Geburt und Tod, aber zugleich ist er das unverwechselbare und verantwortliche Subjekt seiner Handlungen.

Der Erwachte erfährt sich einerseits als ganz und gar allein, als einziges absolutes Subjekt im Universum, doch kann er andererseits nur in zwischenmenschlichen Beziehungen leben und reifen. Aus ›Ich bin ich‹ wird ›Ich bin du und ich‹.

Das reife Samādhi besteht letztlich im Erkennen und Lieben des Menschen, der in seinem kraftvollen Gewahrsein von der großen Weisheit (*Mahāprājña*) und dem großen Mitgefühl (*Mahākaruṇā*) erfüllt wird.

Die Einheit von ›Erkennen‹ und ›Lieben‹ und das oben erwähnte ›Nicht-Zwei‹ und ›Nicht-Eins‹ drückt Meister Eckhart im Bild des Auges aus:

*»Das* Auge, in dem ich Gott sehe, das ist dasselbe Auge, darin mich Gott sieht; mein Auge und Gottes Auge, das ist e i n Auge und e i n Sehen und e i n Erkennen und e i n Lieben.«[63]

In der Fülle des Lebens fallen nach Eckhart alle Gegensätze (z. B. Innen und Außen, Subjekt und Objekt) zusammen:

> »Lausche denn nun auf das Wunder! Welch wunderbares Stehen außen wie innen, begreifen und umgriffen werden, schauen und [zugleich] das Geschaute selbst s e i n, halten und [zugleich] gehalten werden: das ist das Ziel, wo der Geist in Ruhe verweilt, der lieben Ewigkeit vereint.«[64]

## 2.5 DIE TRANSZENDENTE PERSÖNLICHKEIT

Eine besondere Kommunikationsform in der Zen-Tradition ist das *mondo*. eine Art von Gespräch mit meist rätselhaften und paradoxen Aussagen, ein Austausch von Perspektiven in einem Frage-und-Antwort-Dialog zwischen Lehrer und Schüler oder auch zwischen Freunden. Der Eine möchte dem Anderen seinen Standpunkt zeigen, wodurch sich dessen Einsicht in die Wahrheit und das Wesen des Zen erweitern kann.

In einem der vielen überlieferten *mondos* wird besonders anschaulich dargestellt, was eine transzendente Persönlichkeit ist.

Der Zen-Meister *Zenkei Shibayama* (1894–1974) gibt das *mondo*, in dem der Zen-Meister *Ungan Donsei* (780–841) und sein enger Freund *Dogo* vorkommen, folgendermaßen wieder:

»Eines Tages bereitete Ungan Tee zu. Dogo kam zufällig vorbei und fragte: ›Für wen machst du den Tee?‹ Da antwortete Ungan: ›Da ist ein Mann, der Tee trinken will.‹ – ›Warum lässt du dann nicht *diesen selbst* seinen Tee zubereiten?‹, fragte Dogo weiter. Lässig meinte Ungan:

›Nun, ich bin gerade hier.‹ Dogo war von dieser Antwort befriedigt und ging weiter.«[65]

Schon wenn man zum ersten Mal dieses *mondo* hört, ahnt man, dass da gar kein anderer Mann anwesend ist, der Tee trinken will, obwohl Ungan dies ja (vielleicht mit einem Schmunzeln) so vorgibt. Mit dem Mann, der Tee trinken will, weist Ungan auf seine innerste, absolute Persönlichkeit, sein ›selbstloses Selbst‹ hin. Dies versteht Dogo sofort, bohrt aber dennoch weiter und fragt Ungan aus der Perspektive des individuellen Ich: ›Warum lässt du dann nicht *diesen selbst* seinen Tee zubereiten?‹ Daraufhin gibt Ungan die köstliche Antwort: ›Nun, ich bin gerade hier.‹

Dieses *mondo* lehrt uns, dass unser übernatürliches Selbst seine Wahrheit und seinen Sinn einbüßen müsste, wenn es nicht auch als individuelles Ich agieren würde. Die beiden Ebenen der Zen-Persönlichkeit sind vollkommen miteinander integriert, aber unterscheidbar. Diese Persönlichkeit kann als ›Einheit in Unterschiedenheit‹ verstanden werden.

Meister Rinzai (gestorben um 866) steigt auf das Rednerpult und spricht: »Jenseits von diesem realen physischen Körper existiert ein absolut freier Mensch, der alle Begrenzungen überschreitet. Er ist lebendig und wirkt durch eure Sinnesorgane vom Morgen bis zum Abend, ob ihr schlaft oder wacht. Jetzt sollen jene von euch, die diesen Menschen noch nicht durchschaut haben, ihn erkennen und ergreifen.« Ein Mönch erhob sich und fragte: »Was ist dieser ›wahre Mensch ohne Namen‹?« Meister Rinzai gab keine Antwort. Er verließ die Rednerbühne, fasste den Mönch an seinem Gewand und drängte ihn, eine Antwort zu geben, indem er ihm zurief: »Sprich! Sprich!« […] Der Mönch stand voller Entsetzen da und wusste nicht, wie er reagieren sollte. Im nächsten Augenblick stieß Rinzai ihn von sich mit den Worten: »Wie schmutzig und ekelhaft ist dieser ›wahre Mensch ohne Namen‹!« Nach diesen Worten ging er unverzüglich in sein Zimmer zurück.[66]

Ja, schmutzig und ekelhaft kommt ›der wahre Mensch ohne Namen‹ demjenigen vor, der ihn nicht erkennen kann. Der Mönch war noch nicht so weit, die kraftvolle und unmittelbare Belehrung (oder besser: Demonstration) des Meisters aufzunehmen und den Funken von dem wahren Menschen, der da vor ihm stand (nämlich Rinzai) auf sich überspringen zu lassen und sich wirklich *ergreifen* zu lassen.

Eine Zen-Persönlichkeit hat jede dualistische Rationalität überschritten. Nicht-Gedanke und Gedanke, Nicht-Form (Leere) und Form sind im wahren, erwachten Menschen zu einer äußerst lebendigen Einheit geworden. In der Leere entfaltet sich die Fülle des Lebens. In der Vielfalt der Formen zeigt sich die Leere.

Es gibt allerdings Menschen, die die dualistische Welt überwinden konnten, dann aber an ihrer Einheitserfahrung haften bleiben. In der Zen-Literatur werden sie als ›einäugige Ungeheuer‹ bezeichnet. Ein berühmtes *mondo* mit dem *Meister Joshu* veranschaulicht diese Einäugigkeit sehr treffend:

Eines Tages sagte ein Mönch zu dem Zen-Meister Joshu: »Ich habe alles von mir geworfen. Nichts ist mehr in meinem Bewusstsein zurückgeblieben. Was sagst du dazu?« Hierauf gab Joshu die unerwartete Antwort: »Wirf auch *das* noch fort.« Der Mönch betonte noch einmal: »Ich habe dir gesagt, dass nichts in mir zurückgeblieben ist. Was soll ich fortwerfen?« Da sagte Joshu: »In diesem Fall musst du es weiter tragen.«[67]

Um eine wahre Zen-Persönlichkeit zu werden, ist eine ›Schulung nach der Erleuchtung‹[68] notwendig. Es ist eine Schulung zur Demut, mit der ein erwachter Mensch vom Berg der Einheitserfahrung und Erleuchtung hinabzusteigen bereit ist.

*Zenkei Shibayama* zitiert das folgende großartige Gedicht eines anonymen Zen-Meisters:

Tokuun ist ein rostiger Bohrer,
er steigt den Berg der Erleuchtung immer tiefer herab.
Lasst solchen heiligen Narren uns holen,
gemeinsam den Brunnen zu füllen mit Schnee.[69]

Die Reife eines erwachten Menschen zeigt sich also darin, dass er wie ein rostiger Bohrer ist: Ohne Glanz und Überheblichkeit. Aber er bohrt und arbeitet unermüdlich – auch ohne äußerlichen Erfolg und ohne belohnt zu werden.

Es macht zunächst keinen Sinn, einen Brunnen mit Schnee zu füllen. Doch ein heiliger Narr gibt sein Bestes dafür. Und irgendwann – wenn auch unbemerkt – wird seine Arbeit wirken. Und der eine oder andere verdorrte Baum kommt – vielleicht mithilfe des Brunnenwassers – zum Erblühen.

# 3. EINÜBUNG

## 3.1 VOM WESEN DER ÜBUNG

Das Wort ›üben‹ ist von seiner Etymologie her höchst interessant. Seine ursprüngliche Bedeutung ist nach dem althochdeutschen ›uoben‹, dem mittelhochdeutschen ›üeben‹ und dem altsächsischen ›ōbian‹ (›ausüben, bebauen pflegen‹) entstanden und kann auch ›einen Festtag begehen‹ bedeuten! Durch Einübung lassen sich Handlungen vertiefen und intensivieren, sie können zu ›feierlichen‹ Lebensakten und Ritualen werden. So steht uns die Möglichkeit offen, unsere Lebenstage in Festtage zu verwandeln. Mit der regelmäßigen und über lange Zeiträume durchgehaltenen Übung ist dann immer die ›Festtagsfreude‹ über unser seelisch-geistiges Wachstum verbunden.

Als ein Zen-Schüler einmal seinen Meister fragte: »Was ist das Wesen des Zen?«, antwortete dieser: »Geh weiter!« Unser Üben, Lernen und Erkennen können tatsächlich niemals an ein Ende kommen. Der christliche Mystiker *Gregor von Nyssa* (334–394) hat dieses Weiterschreiten ἐπέκτασις (wörtlich: Ausdehnung) genannt. Er konnte sich den grundlosen Grund Gottes nur als unendlich vorstellen und sah dementsprechend die Entwicklung des Menschen zu Gott hin als einen Weg ohne Ende. Wir können uns dem Absoluten annähern, aber niemals mit ihm im vollen Sinne identisch werden. Dies hat *Ignatius von Loyola* (1491–1556) in seinem Satz »Deus semper maior« (Gott bleibt immer der Größere) ausgedrückt.

Da wir Teilhabende sind am ursprünglichen, grenzenlosen Geist, sind unsere Entwicklungsmöglichkeiten ebenso unbegrenzt. Insofern ist auch ›ewiges Leben‹ für uns vorstellbar. Nur wenn unsere Entfaltung an ein Ende käme, ließe sich der Tod nicht aufhalten. Denn ein Leben ohne Wachstum kann es nicht geben. Unser Weg geht auf jeden Fall weiter, auch wenn wir zur Fülle des Lebens erwachen. Selbst Buddha übt noch.

Wahre Übung geht weit über das hinaus, was mit ›Leistung‹ und ›Können‹ zu beschreiben ist. So notiert *Karlfried Graf Dürckheim*: »Die Übung zu einem Können erledigt sich, wenn man das Geübte kann. Übung auf dem inneren Weg beginnt erst, wenn man das Geübte kann, und besteht in einer ewigen Wiederholung des Gekonnten.«[70] In der Zen-Praxis des Sitzens in der Stille geht es im Wesentlichen nicht darum, bestimmte Kompetenzen zu erwerben und zu besitzen, vielmehr soll der ganze Mensch verwandelt werden. Nicht ›das kleine Ich‹, das etwas hat und immer mehr haben möchte, ist gefragt, sondern der Mensch in seinem innersten Sein. ›Atemtechniken‹, Yoga-Haltungen oder Konzentrationsübungen können nur dann in eine tiefgreifende Bewusstseinsschulung übergehen und zur Reifung des Menschen führen, wenn sie mit ganzer *Hingabe* vollzogen und über viele Jahre beharrlich wiederholt werden.

Überspannte Anstrengung aus einem ehrgeizigen Eigenwillen bedarf der Auflösung durch eine Haltung, die von Empfänglichkeit, Demut und sanfter Geduld bestimmt ist. Freilich sind aber auch ein gewisses Maß an Disziplin, ein Sich-selbst-Aufraffen und die Überwindung so mancher Trägheit unverzichtbar. In einer Balance von Spannung und Gelöstheit kann das, was eben nicht machbar ist und mit dem Begriff ›Gnade‹ umschrieben wird, ›hervorgelockt‹ werden. Die eigene Anstrengung und die Kräfte, die uns vom Innersten her tragen, uns umgeben und umfassen, ergänzen sich in wunderbarer Weise.

*Thomas von Aquin* (1225–1274) hat diese Erfahrung in seinem berühmten Satz »Gratia supponit naturam et perficit illam« ausgedrückt; das heißt: Die Gnade setzt die Natur voraus (baut auf ihr auf) und vollendet sie.[71]

Übung sollte nicht nur auf bestimmte Zeitabschnitte pro Tag und pro Woche beschränkt bleiben. Das menschliche Leben kann letztlich nur in einem nahezu ununterbrochenen Üben zur Erfüllung kommen. Wenn wir uns noch einmal das Üben in der Urbedeutung des Wortes als ›Feiern‹ vergegenwärtigen, dann ist es verlockend, den ›Alltag als Übung‹ zu erfahren und jeden Tag unseres Lebens als ein Freudenfest zu begehen.

In der Regel setzen wir beim Üben geschickte und zweckdienliche Mittel ein (skr.: *upāya*), z. B. Atemmethoden, die Konzentration auf einen bestimmten Körperbereich u. a.), aber nach langer Übung können wir an einen Punkt kommen, bei dem es ganz und gar falsch wäre, noch irgendein Mittel anzuwenden. Wenn wir hineingezogen werden in die Gegenwart des Einen, absorbiert werden vom Selbstgewahrsein des ursprünglichen Geistes, dann – und nur dann – ist es gut, dass die Übung zur Nicht-Übung wird.

## 3.2 ÜBUNGEN ZU DEN OCHSENBILDERN

Die einem Ochsenbild zugeordneten Übungen dienen teilweise zur Vertiefung der Erfahrungen der jeweiligen Entwicklungsstufe, andererseits sind sie im Hinblick auf die wesentlichen Aspekte des je nächsten Ochsenbildes ausgewählt worden und sollen die Meditierenden für neue Bewusstseinserfahrungen öffnen und den Übergang bzw. Sprung in das nächste Entwicklungsstadium vorbereiten. Das Sitzen in der Stille (*Zazen*) ist die Grundübung des Zen-Weges auf allen Stufen. Neben den Körper- und Atemübungen werden – je nach Entwicklungsstand – auch unterschiedliche Aspekte der Meditation vorgestellt und erklärt. Außerdem können die Übungen auch zu einer Einstimmung und Einfühlung in das entsprechende Bild beitragen, wobei es unbedeutend ist, ob man ein Anfänger oder Fortgeschrittener auf dem Weg ist. Als kraftvolle Begleitung ›auf dem Weg des Rinderhirten‹ ist die folgende Reihe von Yoga-Übungen sehr zu empfehlen.[72] Es ist eine Āsana-Reihe, die in vielfältiger Weise die Schulung des Geistes fördert und durch das Praktizieren über viele Jahre eine immer tiefere Wirkung entfaltet. In dieser Reihe sind in gewisser Weise die Übungen, die zu den einzelnen Ochsenbildern angeführt werden, zusammengefasst. Je nach den individuellen Erfahrungen, die mit den Übungen gesammelt werden, wird es sich ergeben, wann und mit welcher Intensität man sie ausführt.

1. Frosch, im Wechsel von Hocke und Stand (Mandukāsana)
2. Seitbeuge / Ausgebreitetes Dreieck (Utthita Trikonāsana)
3. Schulterbrücke (Dwipada pitham)
4. Kobra (Bhujangāsana)
5. Katzenbuckel und Pferde- bzw. Kuhrücken (Marjaryāsana / Bitilāsana)
6. Kopfstand (Śirşāsana) – oder eine Vorübung dazu
7. Schulterstand (Sarvāngāsana)
8. Pflug (Halāsana)
9. Liegender Held (Supta Vīrāsana)
10. Stellung des Kindes (Garbhāsana)
11. Drehsitz (Ardha Matsyendrāsana)
12. Mahā Mudrā

Die folgenden, zu den einzelnen Ochsenbildern zusammengestellten Übungen sollten sinnvollerweise nach der Betrachtung des jeweiligen Bildes und Gedichtes praktiziert werden. Die Erläuterungen können dabei helfen, tiefer in die Meditation hineinzukommen. Mithilfe der Übungen ist es möglich, auch ›leibhaftig‹ die Themen der Ochsenbilder und -gedichte zu erfahren.

Es ist empfehlenswert, anfangs nur zwei bis drei der vorgeschlagenen Übungen pro Bild zu praktizieren. Wenn ein Funke des Zen-Geistes auf die Leserin/den Leser übergesprungen ist und sie/er sogar Feuer gefangen hat, werden sicherlich nach und nach mehrere Durchgänge zustande kommen und die Zahl bzw. die Intensität der Übungen wird zunehmen.

Da die Ochsenbilder und -gedichte einen langjährigen Entwicklungsweg und eine anspruchsvolle Schulung des Geistes darstellen, sind sie dazu geschaffen, das ganze Leben zu begleiten. Sie sind wahrhaft Wegweiser zur Weisheit des Herzens und zur Fülle des Lebens.

## Übungen zum I. Bild ›Die Suche nach dem Ochsen‹

Die dem ersten Ochsenbild entsprechende und zur nächsten Entwicklungsstufe weiterführende Übungspraxis hat die Schwerpunkte ›Stabilisierung/Erdverbundenheit, Reinigung (über die Atmung), Orientierung und Ausrichtung‹. Dazu sind im Einzelnen zu empfehlen:

1. *Übungen zu einer guten Erdverbundenheit* (z. B. der Palaversitz)[73]
   Dieser Hocksitz stimuliert das Wurzelchakra und vertieft den Atem bis zum Beckenboden.
   *Ausführung:* In der Spitzhocke ziehen wir die Füße weit auseinander, die Fußsohlen haben vollständigen Bodenkontakt und die Fußspitzen zeigen etwas nach außen. Das Gesäß ist nahe am Boden. Die Arme strecken wir mit verschränkten Händen diagonal zum Boden hin. Wenn die Haltung stabil geworden ist, können wir die Hände flach auf den Boden legen.
   *Dynamische Variante:* Wir falten die Hände und berühren mit den Ellbogen die Waden. Im EINatem pressen wir die Hände gegeneinander, drücken mit den Ellbogen die Unterschenkel ein wenig auseinander, ›wachsen‹ mit dem Oberkörper nach oben und ziehen das Kinn heran. Wir halten die Spannung für ein paar Sekunden, atmen AUS und entspannen uns wieder. Drei Mal wiederholen!

2. *Stabilisierende Āsanas (Yoga-Haltungen) aus dem Stand zur Verbesserung des Gleichgewichtsinns*
   - z.B. ›der Baum‹ und die Tanzhaltung ›*Natarājāsana*‹ richtungsbetonte Dehn-Halte-Übungen, z. B. die Seitbeuge und die Fersensitzkobra

3. *Übungen zur Sensibilisierung und Schärfung der fünf Sinne*
   - z.B. die unterschiedlichen Wirkungen ätherischer Öle wahrnehmen, die Farbe eines Edelsteines intensiv aufnehmen, den Duft von Weihrauch wirken lassen, …

4. *Übungen zur ›Einspitzigkeit‹*
    - z. B. *Tratak*: unbeirrtes, konzentriertes Schauen auf einen Gegenstand, einen Punkt, z. B. eine kleine Blüte, einen Edelstein, eine Kerzenflamme, eine Kreisform, …

5. *Reinigungsatmung*
    - z. B. Kapālabhāti: In einem Meditationssitz richten wir uns in der Wirbelsäule auf, atmen durch die drei Atemräume des Rumpfes EIN und spüren, wie sich der Brustkorb ausdehnt und hebt. Dann atmen wir fast bis zur Hälfte wieder AUS, wobei wir den Brustkorb gehoben lassen. *Kapālabhāti* erfolgt nun dadurch, dass wir die Bauchdecke schnell und kräftig einziehen und dabei scharf und druckvoll die Luft durch die Nase ausstoßen. Daraufhin geschieht die EINatmung ganz von selbst, wie bei einem Blasebalg, der sich mit Luft vollsaugt, nachdem man ihn zusammengedrückt hat. Der aktiven AUSatmung folgt also »automatisch« die passive EINatmung.

6. *Rhythmisierung der Atmung*
    - z. B. Pendelatmung und ›quadratische Atmung‹. Die Pendelatmung besteht in einem weichen Hin- und Herschwingen von der EINatmung zur AUSatmung und umgekehrt. Beide Phasen sind gleich lang. Bei der quadratischen Atmung wird der Atem so rhythmisiert, dass die vier Atemphasen, nämlich *pūraka* (EINatmung), *antara-kumbhaka* (Anhalten mit voller Lunge), *recaka* (AUSatmung) und *bāhya-kumbhaka* (Anhalten mit leerer Lunge), gleich lang sind.

7. *Einfache Atembeobachtung und das Zählen der Atemzüge während der Meditation*
    - Man kann man z. B. immer nur das AUSatmen zählen, und zwar von eins bis zehn. Danach fängt man wieder bei eins an.

## Übungen zum II. Bild ›Das Finden der Spuren‹

Die Auseinandersetzung mit verschiedenen Weisheitsschriften, das Lesen von Büchern, in denen Anweisungen zur Meditationspraxis gegeben werden und das Sich-Vertiefen in Zen-Literatur und in Werke christlicher Mystik – all das kann bereichernd und inspirierend sein. Allerdings besteht dabei auch die Gefahr, zu sehr am diskursiven Denken und kognitiven Verstehen festzuhalten. Deshalb werden im Folgenden Übungen zur Beruhigung der eigenen Gedankenwelt empfohlen, um dadurch Raum zu schaffen für eine tiefere Innenschau und für das intuitive Erkennen. Dies ist eine sinnvolle Vorbereitung auf das dritte Entwicklungsstadium, das bestimmt sein wird von einer ersten unmittelbaren Schau der Selbst-Natur.

1. *Eine Übung der Verlangsamung des Atems zur Beruhigung des Denkens*
   *Ausführung:* Wir nehmen einen Meditationssitz ein, bei dem wir uns in der Wirbelsäule gut aufrichten können. Nach einem normalen AUSatem lassen wir mit geschlossenen Augen anstrengungslos den EINatem beginnen und lassen ihn ein wenig weicher und langsamer werden (ziehen ihn also etwas in die Länge). Dann halten wir ein paar Sekunden den Atem an und schauen dabei nach innen. Dies können wir als eine wohltuende Unterbrechung der Verstandesaktivität, als ein geistiges Verweilen im Inneren unseres Körpers und in den ›Innenräumen‹ unserer Seele erleben. Danach erfolgt die ebenfalls etwas verlangsamte AUSatmung.

2. *Klärung und Ordnung der eigenen Gedankenwelt* (z. B. durch Konzentration auf bestimmte geistige Inhalte, Sätze, abstrakte Begriffe, Worte und Klänge)

3. *Verneigung in drei Richtungen (aus dem breiten Fersensitz)*
   Mit dieser Übung stärken wir die aufrichtende Rückenmuskulatur, bauen nervliche und seelische Überspannung ab und verlangsamen den Fluss der Gedanken.

*Ausführung:* Im Fersensitz, mit gegrätschten Beinen, legen wir die Arme an den Rücken und umgreifen mit der linken Hand den rechten Ellbogen und umgekehrt.
Die Schultern ziehen etwas nach hinten, der Brustkorb ist vorgewölbt. Wir atmen EIN und beugen danach mit dem AUSatem den Oberkörper in der Mittellinie nach unten, bis wir mit der Stirn den Boden berühren. Nach einem kurzen Verweilen in der Atempause richten wir uns im EINatem wieder auf, drehen den Rumpf nach rechts und legen mit dem AUSatem den Oberkörper auf dem rechten Oberschenkel ab, wobei die Stirn wieder auf den Boden kommt. Die nächste Verbeugung erfolgt zur Mitte, die darauffolgende über dem linken Oberschenkel. Mehrere Wiederholungen! Der natürliche Atem-Rhythmus bestimmt und führt die Bewegung. Die Übung endet mit einer Verbeugung zur Mitte und dem Nachspüren im Fersensitz.

## Übungen zum III. Bild ›Das Erblicken des Ochsen‹

In diesem Übungsstadium geht es um die Intensivierung der Meditationspraxis durch Verfeinerung und größere Genauigkeit in der Sitzhaltung. Der Meditationsschüler lernt, in Passivität und Empfänglichkeit alles, was auftaucht, kommen und auch gehen zu lassen. Er schaut einfach, und in tiefer Verbundenheit mit dem Atem durchdringt er mit dem Licht dieses bewussten Schauens seinen ganzen Körper. Gedanken- und Gefühlsbewegungen kommen zur Ruhe. Aus diesem Stillstand entsteht die Kraft, die dazu notwendig ist, die im vierten Bild beschriebenen ›wilden Triebe‹ zu zähmen.

1. *Einübung der ›Sieben Gesten der Meditation‹*[74]

   *1.1 Basis*: Wir sitzen im breiten Fersensitz, im halben oder vollen Lotussitz (auf dem Boden, auf einem festen Kissen oder auf einem Taizé-Bänkchen) mit schwerem Becken und ›eingewurzelten‹ Sitzbeinhöckern und lassen so eine stabile Basis entstehen. Die Knie sollten in der Regel tiefer sein als das Becken und zur weiteren Stabilisierung der Sitzhaltung gegen den Boden drücken.

   *1.2 Rumpf, Hals und Kopf*: Wir fühlen uns mit der Erde verbunden und sicher getragen vom schweren Fundament der Beine und des Beckens. Von diesem »Grundvertrauen« her sind wir bereit, den Bauchraum zu entspannen. In der Wirbelsäule richten wir uns gerade – aber nicht überspannt – auf. In Polarität zur Schwere des Beckens fühlen wir uns von der Brustmitte bis zum Kopf zunehmend leichter. Hilfreich ist die Vorstellung, dass am hinteren Drittel der Schädeldecke ein Faden befestigt ist, durch den der Oberkörper sanft nach oben gezogen und insbesondere die Halswirbelsäule gedehnt wird. Der Kopf kann nun in angenehmer Leichtigkeit in Balance gehalten werden. Die für eine gute Konzentration äußerst wichtige Gelöstheit der Halswirbelsäule erreichen wir vor allem dadurch, dass wir die Schultern sinken lassen und etwas nach hinten ziehen. Dann spüren wir eine besondere Durchlässigkeit und Sensibilität im Bereich der Schlüsselbeine: Die ›Schlüsselbein-Augen‹ öffnen sich.

*1.3 Arme und Hände*: Von den Schultern aus, in denen wir uns mehr und mehr loslassen, geben wir das Gewicht der Arme und Hände an die Oberschenkel ab. Die Hände bilden eine Schale, die den Unterbauch berührt. Die linke Hand ruht in der rechten, die Daumenspitzen berühren sich ohne Druck.
*1.4 Das Kinn* wird leicht herangezogen, wodurch sich die Halswirbelsäule noch ein wenig mehr dehnt.
*1.5 Der Unterkiefer* ist entspannt und die Lippen berühren sich so zart, dass das Gefühl entsteht, noch minimal durch den Mund atmen zu können.
*1.6 Die Zunge* ist eingebettet zwischen dem oberen und unteren Gaumen. Ihre Spitze berührt die oberen Schneidezähne.
*1.7 Die Augen* sind halb geöffnet, der Blick ruht in einem Winkel von ca. 45 Grad auf einem Punkt am Boden, ohne ihn zu fixieren. Es soll ein weiches, empfängliches und liebevolles Schauen sein, das vom Herzen herkommt und sich sowohl nach innen wie nach außen richtet.

2. *›Bergmeditation‹ – Eine Einübung des Reinen Schauens*
Die anleitenden Worte zu dieser Meditation:
Ich stelle mir vor, ein Berg zu sein. Schwer und felsenfest fühle ich mich, verbunden mit der ganzen Erde. In majestätischer Größe rage ich empor. Gedanken ziehen als Wolken an mir vorbei; doch allmählich lichtet sich die Wolkendecke. Und schon schweben an meinem Gipfel die letzten kleinen Wolken vorüber und verlieren sich in der Ferne. Ruhig und reglos bin ich da. Über mir, um mich herum und sogar in mir ist nur der klare Himmel.
*2.1 Den Gefühlen Raum geben*; tief in sie hineinspüren, ohne sich mitreißen zu lassen; nur ›das reine Schauen‹ bleibt.
*2.2 Zugleich nach innen und nach außen schauen.*
*2.3 Die Innenräume des Körpers mit Aufmerksamkeit füllen* und alle Bereiche zu einem einzigen Innenraum zusammenschmelzen lassen.

*2.4 Den Atem frei fließen lassen*, sich innig verbinden und eins werden mit dem Atemfluss, dadurch Gedankenruhe erfahren und mehr und mehr aufgehen in ›die große Stille‹.

## Übungen zum IV. Bild ›Den Ochsen fangen‹

Das vierte Bild steht für höchste Anstrengung und einen intensiven inneren Kampf, deshalb werden hier zuerst Übungen zum Aufbau von Widerstandskraft und zur Energiesammlung (Drehsitz und Bambusatmung) vorgestellt. Die darauffolgende *Prāṇāyāma*-Übung ›*Nadi-Sodhana*‹ hat in der ersten Variante eine ausgleichende Wirkung in Bezug auf die beiden Gehirnhälften. In der zweiten rhythmisierten Form führt sie durch das längere Atemanhalten nach der EINatmung zu einem enormen Kraftaufbau und zu einer hohen geistigen Konzentration. Die letzte Übung zur Weichheit und Flexibilität des Atems soll auf das nächste Ochsenbild vorbereiten, bei dem ja der milde Aspekt des Zähmens, nämlich das ›Sich-vertraut-Machen‹ im Vordergrund steht.

## Die Übungen:

1. *Drehsitz*

   In diesem Sitz *(Ardha Matsyendrāsana)* wird die Wirbelsäule in eine spiralige Drehung gebracht, was sich äußerst positiv auf alle Nerven- und Energiekanäle und die unzähligen Impulse, die vom zentralen Nervensystem ausgehen, auswirkt.

   *Ausführung:* Im Langsitz stellen wir den rechten Fuß links neben das linke Knie und ziehen den linken Unterschenkel nach hinten, sodass der Fuß neben dem Gesäß liegt. Wir legen beide Hände auf das rechte Knie und drücken das Bein sanft nach links. Die Sitzbeinhöcker sollten gleichmäßig belastet sein. Wir heben den linken Arm an, drehen die Wirbelsäule nach rechts und legen den Unterarm außen an den rechten Oberschenkel an. Mit der rechten Hand stützen wir uns rechts hinter dem Gesäß ab. Den Kopf drehen wir über die rechte Schulter nach hinten. EINatmend richten wir uns auf und hebeln mit dem linken Arm das rechte Bein nach links und halten einen Moment die Spannung. AUSatmend entspannen wir uns (besonders die Beine!) und verstärken die spiralige Drehung der Wirbelsäule. Nach einigen Atemzügen kommen wir langsam zurück in den Langsitz, spüren nach und üben die Haltung, indem wir das linke Bein heranziehen und rechts neben dem rechten Knie aufstellen usw. Zum Schluss entspannen wir uns in der Rückenlage.

2. *Stellung des Helden / der Heldin* (Vira Bhadrāsana)
   *Ausführung:* Wir stehen mit parallel auf den Boden gestellten Füßen, weit gegrätschten Beinen und aufgerichteter Wirbelsäule. Den rechten Fuß drehen wir um 90 Grad, den linken um ca. 20 Grad nach rechts. Den Oberkörper wenden wir in die Richtung des rechten Beines. Die Arme hängen seitlich neben dem Körper.
   Nun winkeln wir das rechte Bein an, sodass sich das Knie nach vorne bewegt. Im Idealfall bildet der Oberschenkel eine Parallele zur Standfläche. Das linke Bein bleibt gestreckt und die Ferse fest am Boden. Wir strecken die Arme seitwärts in Schulterhöhe und dehnen sie weit aus. Der Oberkörper ist gerade. Wir verweilen in dieser Position einige Atemzüge lang. Wir entspannen trotz der Anstrengung das Gesicht mithilfe eines Lächelns.
   *Variante:* Nachdem wir das eine Bein angewinkelt haben, strecken wir die Arme nach oben und legen die Handflächen zusammen.
   Zur Auflösung der Stellung strecken wir das rechte Bein und drehen den Fuß und den Oberkörper wieder nach vorne.
   Wir üben die Heldenstellung jeweils auch zur linken Seite hin.
   Durch diese Stellung können Grundvertrauen, Körperkraft, Standfestigkeit und Durchhaltevermögen entwickelt werden. Die beinstreckenden Muskeln und die Gesäßmuskulatur werden gestärkt.

3. *Die Bambus-Atmung (erste Stufe): ›Auf dem Thron des Daseins sitzen‹*[75]
*Ausführung:* Wir sitzen mit überkreuzten Beinen und aufgerichteter Wirbelsäule; die Fäuste drücken wir mit innen liegenden Daumen gegen die Knie. AUS: In drei Schüben mit fast geschlossenen Lippen durch den Mund unter den Atemhorizont atmen; dabei das Zwerchfell paradoxerweise nach unten drücken! Der Atemhorizont ist dann erreicht, wenn die Ausatmung von selbst zum Ende kommt. Unter den Atemhorizont zu atmen, bedeutet, von der Residualluft (der in den Lungen natürlicherweise verbliebenen Restluft) noch einiges ›hinauszudrücken‹, sodass ein Unterdruck entsteht.
EIN: Den Atem durch die Nase natürlich einströmen lassen, wobei sich der Unterbauch besonders weit ausdehnen soll. Dies wird ›das unermessliche Sich-Erstrecken der Erde‹ genannt.

4. *Nasenwechselatmung (*nāḍi-śodhana*, wörtl.: Reinigung der ›Nadis‹, der feinstofflichen Energiekanäle)*
*Ausführung:* Wir legen den Zeigefinger ein bis zwei Finger breit oberhalb der Nasenwurzel an die Stirn. Die Mittel- und Ringfingerkuppen berühren den Handinnenteller. Der Kopf ist leicht geneigt. Mit dem Daumen verschließen wir das rechte Nasenloch, atmen durch das linke Nasenloch EIN und richten den Kopf zur Normalposition auf. Dann wird mit dem kleinen Finger das linke Nasenloch verschlossen und durch das rechte Nasenloch AUSgeatmet, wobei der Kopf etwas nach unten sinkt. Durch das rechte Nasenloch atmen wir wieder EIN und heben den Kopf an. Darauf verschließen wir mit dem Daumen das rechte Nasenloch und atmen links AUS, wobei sich wiederum der Kopf neigt. Dann kann mit dem Einatmen durch das linke Nasenloch der nächste Zyklus beginnen. Der Atem soll möglichst gleichmäßig, leicht und weich fließen, genauso wie die Bewegung des Kopfes. Es ist wichtig, beim EINatmen zuerst am jeweiligen Nasenflügel und weiter im Naseninnengang die kühl einströmende Luft sensibel wahrzunehmen und ebenso die warme Luft beim

AUSatmen durch das andere Nasenloch auf ihrem ganzen Weg aufmerksam zu »verfolgen«. Die Intensität der Übung kann durch die Vorstellung gesteigert werden, dass beim EINatmen die kühle Atemenergie durch die Nasenwurzel bis in die Mitte des Kopfes eingezogen wird und als warmer Strom von dort aus wieder nach außen fließt.

*Nadi Sodhana* kann im Hinblick auf eine weitere Entfaltung feinstofflicher Energie und seelisch-geistiger Kraft auch in einer rhythmisierten Form geübt werden.

Dabei werden anfangs die vier Atemphasen (EIN – Anhalten – AUS – Anhalten) mit den Zählzeiten 4 – 12 – 6 – 2 ausgeführt.

Wenn dieser Rhythmus nach einigen Monaten täglicher Übung sehr leicht fällt, kann zum klassischen Maß 4 – 16 – 8 – 4 übergegangen werden.

5. *Eine Übung zur Weichheit und Flexibilität des Atems:*
   Sich mit einem weichen Ausfließen des etwas verlangsamten Atems innerlich bis auf die ›Talsohle‹ sinken lassen und dort, solange es angenehm ist, ruhig und gelassen verweilen. Die Weichheit kann nicht nur in der Atmung selbst spürbar werden, sondern auch in der sanften Bewegung der Bauchdecke – besonders am Ende der AUSatmung.

## Übungen zum V. Bild ›Das Zähmen des Ochsen‹

Als Vorbereitung auf die sechste Entwicklungsstufe vertiefen wir die Introspektion und unsere Hingabe. Wir lassen uns selbst mehr und mehr los und öffnen uns für den Raum, der uns umgibt. In der Übung ›Atemkugel‹ dehnen wir unser Bewusstsein aus in die Weite des Raumes.

*1.* Wir greifen die letzte Übung vom IV. Bild (die Atemübung zur Weichheit und Flexibilität des Atems) noch einmal auf, lassen uns mit allen unseren Gedanken in jeder AUSatmung noch tiefer innerlich fallen. Wir konzentrieren unsere Aufmerksamkeit auf den Beckenboden und bleiben während der Atempause in diesem ›tragenden Grund‹, solange es uns anstrengungslos möglich ist. Es geht nicht darum, dass wir etwas leisten, sondern darum, dass wir uns selbst ganz und gar lassen. Die EINatmung erfolgt ganz von selbst, ohne unser Dazutun.

*2.* Beim folgenden Atem-Ritual, das eine Variation der ›initiatischen Verwandlungsformel‹ nach Karlfried Graf Dürckheim ist, sprechen wir anfangs innerlich die Affirmation zur entsprechenden Atemphase. Später spüren wir nur einfach deren Qualität.

| *Atemphase* | *Affirmation* | *Innenschau* |
|---|---|---|
| Die erste Hälfte des Ausatmens | Ich lasse mich los. | Vom Kopf über den Nacken, den Hals und die Schultern zum Herzen |
| Die zweite Hälfte des Ausatmens | Ich lasse mich nieder. | Vom Herzen bis in die Schale des Beckens |
| Verweilen in der Atemleere | Ich werde mir verwandelt wiedergeschenkt. | Vom Beckenboden hoch zur Schädeldecke |
| Kurzes Verweilen in der Atemfülle | Ich genieße die Fülle des neuen Lebens. | Die Erfahrung subtiler Energie im Bereich der Schädeldecke und im ganzen Körper |

*Abb. 2: Das Atem-Ritual*

3. *Die Atemkugel*
   Wir imaginieren eine Lichtkugel, die sich im AUSatem in alle Richtungen ausdehnt und uns umschließt, während sie sich im EINatem zu einem kleinen, feurigen »Energieball« im *Hara* (Unterbauch) verdichtet. Wenn wir uns ohne Willensanstrengung ›dem großen Atem‹ überantworten und das Bild der Atemkugel, die sich abwechselnd ausweitet und zusammenzieht, wirken lassen, können wir eine befreiende Weite erfahren. Der Atem gewinnt eine sehr geschmeidige Qualität und wird als grenzenlos erlebt.

4. *Shikantaza (I.)*
   Dieses japanische Wort kann in vereinfachter Übersetzung mit ›Nur sitzen‹ wiedergegeben werden. Dies ist im Zen die Kern-Übung schlechthin. Sie wird im Abschnitt VIII ausführlich erklärt. Hier nur eine kurze Anleitung zum Einstieg in diese höchst einfache und zugleich schwierigste Form der Kontemplation, die in allen folgenden Entwicklungsstadien immer weiter vertieft werden kann:
   Nimm einen stabilen Sitz ein und richte dich in deiner Wirbelsäule auf! Versuche deinen Körper in eine ausgewogene Position und harmonische Gesamtverfassung zu bringen. Beachte dabei die sieben Gesten der Meditation (bei den Übungen zum III. Ochsenbild)!
   Wenn das Sitzen ›lotgerecht‹ und in sich ›rund‹ ist, stellt sich ganz von selbst der natürliche und bestmögliche Atem vom Unterbauch her ein, wo auch der Schwerpunkt des Leibes liegt. Sitze einfach nur, ohne etwas zu erwarten, ohne dich auf irgendein Meditationsobjekt auszurichten – sei es der Atem oder ein bestimmter Bereich des Körpers, ohne deine Gedanken zu beobachten und ohne ein Kōan lösen zu wollen. Lass all deine Gedanken, Gefühle und inneren Bilder los. Verrichte das Sitzen als eine *Handlung*, in der du nach und nach vollständig aufgehst.
   Wenn du merkst, dass du in irgendeinem Bereich des Körpers ›aus der Ordnung fällst‹, dann korrigiere deine Haltung! Falls du feststellst, dass deine Gedanken irgendwohin gewandert sind und dich mitgezogen ha-

ben, kehre einfach zur Handlung des Sitzens zurück. Bald wird das Sitzen ganz von selbst geschehen: *Zazen* vollzieht *Zazen*.

## Übungen zum VI. Bild ›Der Heimritt auf dem Ochsen‹

1. *Energie-Kreislauf*
   *Ausführung:* Wir nehmen einen Meditationssitz ein und richten uns in der Wirbelsäule auf. In der EINatmung lenken wir die Atemenergie *(Prāna)* zusammen mit dem ›Strom‹ der Aufmerksamkeit von der Wirbelsäulenbasis über die Rückseite der Chakren nach oben bis zur Schädeldecke (Kronenchakra) und ausatmend über die Vorderseite wieder nach unten bis zum Wurzelchakra. Wird dieser Energiekreislauf über einen längeren Zeitraum immer wieder praktiziert, kommt er zusammen mit der bewusst erlebten Atmung wie von selbst in Fluss und der Übende schaut dem Kreisen der Energie einfach nur zu.

2. *›Ausdehnung eines Wohlgefühls‹*
   *Ausführung*: In einer bequemen Rückenlage legen wir beide Hände auf den Bauch und spreizen dabei die Finger etwas auseinander, um einen möglichst großen Bereich abzudecken. Wir schenken der Ein- und Ausatmung und der damit zusammenhängenden Auf- und Ab-Bewegung der Bauchdecke unsere volle Aufmerksamkeit. Wenn wir nun die Atembewegungen weicher werden lassen, können wir wahrnehmen, dass zusammen mit der Empfindung von Weichheit ein wohliges Gefühl im Bauch entsteht. Wir genießen dieses Gefühl und erlauben ihm, dass es sich immer mehr ausbreitet, während wir einfach nur nach innen schauen. Das Wohlgefühl vergrößert sich und dehnt sich in den Beckenraum sowie in den Rücken und Brustraum aus. Ganz von selbst fließt es weiter in das Gesäß, in die Beine und nach oben in die Schultern, Arme, schließlich in den Hals und den Kopf. Vom Scheitel bis zur Sohle, von den Fingerspitzen bis in die Zehen verschmelzen alle Körperbereiche zu einem großen Raum des Wohlgefühls.

3. *›Ein Lächeln steigt vom Herzen auf.‹*
*Ausführung*: Im Sitzen oder Liegen schauen wir nach innen in den Raum des Herzens und erinnern uns an eine Lebenssituation, in der wir sehr glücklich waren oder stellen uns vor, dass wir mit einem Menschen zusammentreffen, den wir lieben und der unser Herz warm werden lässt. Wir lassen unser Herz vor Freude ›hüpfen‹. Der Herzensraum weitet sich und die Freude strahlt wie ein Licht nach oben durch den Hals in den Kopf-Innenraum. Die Gesichtsmuskulatur entspannt sich, und die Herzensfreude drückt sich aus in einem von außen her kaum wahrnehmbaren Lächeln. Die Mundwinkel ziehen sich minimal nach oben, was bewirkt, dass sich das Gesicht noch tiefer entspannt. Wir spüren beides zusammen: die Freude in unserem Herzen und unser lächelndes Gesicht.

4. *Glückselige Freude in jeder Körperzelle*
In einem klassischen buddhistischen Text, dem *Poṭṭhapāda-Sutta* wird die zweite Versenkungsstufe unter anderem mit diesen Worten beschrieben:
Der Mönch lässt seinen Körper »von in der tiefen Sammlung (Samādhi) geborener begeisterter Freude und Glückseligkeit erfüllt sein, umspült, durchsättigt und durchströmt ihn [seinen Körper] damit, sodass auch nicht eine Stelle an ihm unerfasst von in der tiefen Sammlung geborener (begeisterter) Freude und Glückseligkeit bleibt.«[76]
*Ausführung*: Anknüpfend an Übung 3 lassen wir zu, dass die Freude nicht nur im Herzen und im Gesicht zu spüren ist, sondern dass sie sich im ganzen Körper ausdehnt und jede Zelle unseres Körpers erfüllt.

## Übungen zum VII. Bild ›Allein zu Hause‹

1. Die *Bambus-Atmung* (in drei Stufen) mit Anstimmung des ›Mu‹ (= Nichts)

   *1.1 ›Auf dem Thron des Daseins sitzen‹*

   Sitzhaltung: mit überkreuzten Beinen und aufgerichteter Wirbelsäule, die Fäuste – mit innen liegenden Daumen – gegen die Knie drücken!

   AUS: In mehreren Schüben – solange es ohne übermäßige Anstrengung möglich ist – mit fast geschlossenen Lippen durch den Mund unter den Atemhorizont (s. Erklärung S. 101) atmen, dabei das Zwerchfell paradoxerweise nach unten drücken und hörbar oder nur innerlich das ›Mu‹ anstimmen!

   EIN: Den Atem durch die Nase natürlich einströmen lassen, wobei sich der untere Teil des Unterleibes besonders weit ausdehnen soll: ›Das unermessliche Sich-Erstrecken der Erde‹.

   *1.2 ›Gedankenstille‹*

   Sitzhaltung: mit überkreuzten Beinen und aufgerichteter Wirbelsäule; reine Nasenatmung; die Zunge – ohne Hohlraum – gegen den oberen Gaumen drücken und die Zungenspitze an die Schneidezähne anlegen!

   AUS: In mehreren Schüben Kraft in den Unterbauch drücken, aber noch tiefer (als auf der ersten Stufe) unter den Atemhorizont gelangen! Zwischen den einzelnen Schüben kurz innehalten. Mit jedem Schub »unentwegt gegen eine verschlossene Tür drücken«! Innerliches Anstimmen des ›Mu‹. Den Unterleib mehr und mehr mit Kraft füllen!

   EIN: 1. Phase: den Atem passiv einströmen und den Unterbauch anschwellen lassen!

   2. Phase: Unterleibsmuskeln leicht anspannen und dadurch die Ausdehnung (Vorwölbung) des Unterbauchs verstärken. Das Zwerchfell in paradoxer Weise leicht (nach oben) zusammenziehen!

   *1.3 ›Der Geist leuchtet selbst und schenkt sich Licht‹*

   Weiterhin nach der ›Bambus-Methode‹ atmen, aber intuitiv, weicher und sanfter! Sich vom ›großen Atem‹ leiten lassen, in höchster Wachheit und kristallener Klarheit sitzen, die Atempausen werden von selbst länger. Eventuell kann von selbst ein Übergang zum unmerklichen Atem entstehen und möglicherweise ein Aufgehen in *Samādhi* erfolgen.

2. Die *Kevali*-Atmung

*2.1 ›Der runde Atem‹ als Vorbereitung*

Mit geschlossenen Augen visualisieren wir einen kleinen Kreis. Über die linke Kreishälfte lassen wir die EINatmung nach oben fließen, über die rechte die AUSatmung nach unten. Nach einiger Zeit bewegt sich »der Lichtpunkt der Aufmerksamkeit« wie von selbst auf der Kreislinie. EIN und AUS sollen immer weicher ineinander übergehen. Schließlich lassen wir den Kreis immer kleiner werden. Die physische Atembewegung wird reduziert, der Atem verfeinert und verinnerlicht sich immer mehr und die Zellatmung vertieft sich. Je weicher und subtiler der Atem wird, desto mehr Kraft entwickelt er und desto intensiver kann er den ganzen Körper bis in jede Zelle durchdringen. Das Mental beruhigt sich und der Körper wird erfrischt.

*2.2 Die eigentliche* Kevali-*Atmung*

Verringert sich die Atembewegung noch mehr und ergibt sich von selbst nahezu ein Atem-Stillstand, geht ›der runde Atem‹ in *Kevali*, den unmerklichen Atem über, der immer mit einer totalen Gedankenruhe verbunden ist. Wenn wir gelassen in solch einer langen Atemruhe verweilen, können wir die Erfahrung machen, dass der Körper selbstregulierend den Moment bestimmt, in dem er wieder Atem holt.

## Übung zum VIII. Bild ›Ochs' und Hirt' verschwunden‹

*Shikantaza* (II)
Wenn überhaupt eine Übung herangezogen werden kann, die dem VIII. Bild angemessen zu sein scheint, dann ist es *Shikantaza*, das Nur-Sitzen, das ja schon in Abschnitt V. in einigen Grundzügen beschrieben worden ist. Der japanische Zen-Patriarch *Dôgen Zenji* (1200–1253) hat Shikantaza und drei andere Übungs- bzw. Erfahrungsaspekte zu einer Einheit zusammengefügt, die man als die vier tragenden Säulen des Erwachens und somit als eine wichtige Grundlage des Zen verstehen kann:

- *Shikantaza*, die Handlung des reinen Sitzens
- *Shoshin Tanza*, womit die *Regelmäßigkeit* des Sitzens in guter Körperhaltung gemeint ist: soweit es möglich ist, täglich zur gleichen Stunde und am gleichen Ort.
- *Hishiryo,* das Aufgehen in den nicht beurteilenden Geist, das Unberührt-Sein von den Gedanken ›oberhalb‹ der Ebene von Denken und Nicht-Denken
- *Shinjin datsu raku,* das bedeutet ›Körper und Geist fallen lassen‹ (später mehr dazu!)

›*Shikan-ta-za*‹ ist ein Wort, das aus drei Teilen zusammengesetzt ist.

1. ›shikan‹ bedeutet ›nur‹ oder ›nichts als‹. Hier in diesem Zusammenhang kann es auch meinen: Nichts als das, was ist – also das ungewordene, unvergängliche und unwandelbare Absolute.
2. ›ta‹ heißt ›treffen‹. Es ist der Pfeil, der einen mitten ins Herz treffen kann und die Bereitschaft des Übenden, sich tatsächlich immer wieder berühren, bis ins Knochenmark treffen und ganz und gar ergreifen zu lassen.
3. ›za‹: Im Sitzen treffen sich Leib und Geist und werden eins. Es ist nicht mehr das ›Ich sitze‹, bei dem der Körper bzw. das Sitzen als Objekt vom Ich getrennt ist. Wie bei einem Künstler, der malt und so vollständig in diesem Tun aufgeht, dass da nur noch das Malen ist, können wir auch

hier beim ›za‹ sagen: *Da ist nur Sitzen*. Nicht ich sitze, sondern das ganze Universum sitzt. Wenn Gedanken kommen, schenke ich ihnen keine Beachtung. Weder unterdrücke ich sie, noch folge ich ihnen. ›Aufgestiegen‹ zu einem ›selbstlosen Selbst‹ befinde mich auf einer Ebene, die von Gedanken nicht mehr erreicht werden kann (siehe oben: *Hishiryu*). Ich strebe kein Ziel an und bin frei von Absichten (jap.: *Mushotoku*), verweile nicht bei irgendeinem Objekt.

Shikantaza können wir also nach den bisher besprochenen Aspekten zusammenfassend übersetzen: Sich im reinen Sitzen vom Pfeil des ursprünglichen Geistes mitten ins Herz treffen lassen.

Den Einstieg in Shikantaza finden wir durch die handgreifliche Realität der Körperhaltung. Wir sitzen mit Fleisch, Knochen, Muskeln und Sehnen und ordnen diese in einer Ausgewogenheit von Spannung und Entspannung. Oben und unten, rechts und links, hinten und vorne, Sympathikus und Parasympathikus bilden ein harmonisches Ganzes. Die Gegensätze fallen in eins zusammen, so wie es Nikolaus Cusanus in seinem philosophischen Begriff der *coincidentia oppositorum* formuliert hat. Findet der Leib sein natürliches Gleichgewicht, kommt er in Einklang mit dem Kosmos. Shikantaza im vollen Sinne führt in ›das Absolute Samādhi‹: ›Der innere Mensch‹ übernimmt die Führung, während ›der äußere Mensch‹ und alle äußeren Umstände völlig in den Hintergrund treten. So kann es passieren, dass zeitweise das Körperbewusstsein verschwindet. ›Im Großen Tod‹ sinken wir in den Grund unserer Seele und befinden uns auf der dritten der vier Samādhi-Stufen nach Rinzai.[77] Da treten sowohl der innere als auch der äußere Mensch zurück. Oder, wie es auch ausgedrückt wird: ›Körper und Geist fallen ab‹[78] (S*hinjin datsuraku*), was bedeutet, dass sich alle unsere Vorstellungen von dem, was Körper und Geist sein könnten, auflösen. In uns kann der ursprüngliche Geist sich seiner selbst gewahr werden. Dies bleibt natürlich nicht allein auf die geistige Ebene beschränkt. Der ganze Mensch mit Körper, Seele und Geist wird im Durchbruch geeint mit dem unaussprechlichen *Einen* und im Prozess des Erwachens erfasst und verwandelt. »Erwachen bedeutet, reine Klarheit mit dem Körper zu erfühlen.«[79]

Die obenstehenden Erklärungen sollen die Übungsanleitung zu Shikantaza (I) in den Übungen zum fünften Ochsenbild (Abschnitt 4) ergänzen und vertiefen. Diese Anleitung kann auch hier auf der Stufe des VIII. Bildes weiterhin für das Üben hilfreich sein.

## Übung zum IX. Bild ›Rückkehr zum Ursprung‹

Eine Übung nach dem ›Geheimnis der Goldenen Blüte‹

›Das Geheimnis der Goldenen Blüte‹ ist ein taoistisches Lehrwerk aus China, das auf die religiöse Bewegung des Goldenen Lebenselexirs (8. Jhd.) zurückgeht. In diesem Werk wird eine Meditationsmethode überliefert, die sowohl der Zen-Praxis als auch den Atemübungen der Yoga-Tradition nahesteht.

In dieser Atem-Meditation und Imaginationsübung geht es zunächst um die Rückkehr des Atems zu seinem ›Ursprungsort‹, nämlich zum Herzen. Von da aus soll er zusammen mit dem geistigen ›Himmelslicht‹ in die tiefen, unbewussten und vom Materiellen dominierten Zentren hinuntergeführt werden. »Das Unbewusste muss durch die Versenkung des Bewussten gleichsam befruchtet werden, wodurch es ins Bewusstsein erhoben wird und mit dem so bereicherten Bewussten zusammen in eine überpersönliche Bewusstseinsebene eintritt in Form einer geistigen Wiedergeburt.«[80]

Die Durchführung dieser Übung soll dazu führen, das ›Nichts-Herz‹ zu erfahren (Vgl. die Erläuterungen zum Bild IX, S. 60!) und durch die Verschmelzung von Atem und Geist eine große schöpferische Kraft und einen fortlaufenden Prozess des Neuwerdens aufkommen zu lassen.

*Vorbereitung*:

»Lausche vom Herzen her auf deinen Atem! Mach dein Herz ganz leicht und gering! Je mehr du es loslässt, desto geringer wird es; und je geringer, desto ruhiger. Auf einmal wird es so leise, als stünde es still. Dann tritt der wahre Atem in Erscheinung …«[81]

*Die Übung*:

1. *Die Sitzhaltung:* Sitze ruhig und – wenn möglich – mit gekreuzten Beinen und aufgerichteter Wirbelsäule! Halte Innenschau! Berühre mit der Zungenspitze den oberen Gaumen und lausche vom Herzen her auf deinen Atem. Lass deine halb geschlossenen Augen nach innen leuchten.

2. *Das Empfangen des weißen Himmelslichtes:* Fokussiere deine Aufmerksamkeit im Dritten Auge, was bewirkt, dass zusammen mit dem EINatem ›das Licht des Himmels‹ (der ursprüngliche Geist) von oben her, von der ›Himmelswurzel‹ einstrahlt.

3. *Das Hinabströmen in den Raum des Herzens:* Lass das ›Geist-Atem-Licht‹ über die Rückseite der Chakras sanft in die Herzmitte einströmen (EINatem in 4 Zählzeiten) und lausche dabei mit dem Herzen auf den Atem. Neige den Kopf nach vorne, lass das Kinn zum Brustbein sinken und halte über 4 Zählzeiten den Atem an. Lass in den weiteren Wiederholungen des Lichtkreislaufs das Herz immer stiller und leerer werden.
   »Der Leib sei wie trockenes Holz und das Herz wie erkaltete Asche.«[82]
   Nimm wahr, dass der Atem durch das stiller gewordene Herz weicher, zarter und geradezu ›unmerklich‹ wird.

4. *Sich Verbinden mit dem Raum der Kraft:* Richte den Kopf wieder zur Normalposition auf und fließe in der ersten Hälfte des AUSatems vom Herzen her über die Vorderseite der Chakras in 4 Zählzeiten zum ›Unteren Elixier-Feld‹ (Nabelchakra und Sakralchakra). Kraft und Atem vereinigen sich. Atem und Herz verfeinern sich noch weiter gegenseitig und kommen immer mehr in Übereinstimmung. Heiterkeit und Harmonie, aber auch Festigkeit und Stärke breiten sich im ganzen Körper aus. Das

absichtslose Bewusstsein und das ruhige, klare Herz sind offen zur Wesensschau.
Verschmelze in der zweiten Hälfte des AUSatems (ebenfalls über 4 Zählzeiten) mit dem Beckenboden und dem Wurzelchakra, werde eins mit dem tragenden Grund und stelle dir vor, tief in die Erde hineinzusinken. Wurzele dich in der Erde ein und sammele die Erdkräfte im ganzen Beckenraum und Unterbauch, um den ›Samen der Goldblume‹ aufgehen zu lassen.

5. *Das Wachsen und Aufblühen der Goldblume:* Mit dem anschließenden EINatem steigst du über die Rückseite der unteren Chakras wieder zur Herzensmitte auf und initiierst damit das Aufkeimen und Wachsen der Goldblume, die Hervorbringung des geistigen Lichtkörpers. Du verweilst im Herzen und mit dem Kinn am Brustbein, während du 4 Zählzeiten den Atem anhältst. Dann hebst du den Kopf wieder zur Normalposition an und strömst über 8 Zählzeiten mit dem AUSatem über die Vorderseite der Chakras weit über das Kronenchakra hinaus nach oben, verbunden mit der Imagination des höheren Emporwachsens der Blüte bzw. des Lichtkörpers.
   Dann fängst du wieder bei 1. an, indem du aus der Höhe das weiße Himmelslicht durch das Dritte Auge und über die Rückseite des Hals-Chakras weich zum Herzen fließen lässt. Der Atemrhythmus (4 – 4 – 8, also 4 Zählzeiten: EIN, 4: HALTEN, 8: AUS) wird ständig beibehalten. Im Herzen schwingt der Lichtkreislauf immer von der Vorderseite der Chakras zu ihrer Rückseite bzw. umgekehrt, sodass sich das Licht in der Form einer ›8‹ bewegt.

## Übungen zum X. Bild ›Zum Markt gehen‹

Die ersten drei Übungen sind sehr wirkkräftige Übungen, die sich gegenseitig verstärken. Sie fördern die geistige Sammlung und sind die beste Vorbereitung zu den höheren Bewusstseinsstufen.

*1.* Mahāmudrā *(großes Siegel)*
Wir sitzen im Langsitz und ziehen den linken Unterschenkel heran. Die Ferse des linken Fußes soll ein wenig gegen den Anus-Bereich drücken. Das rechte Bein strecken wir halbrechts nach vorn. Mit beiden Händen greifen wir nun die Zehen des rechten Fußes und üben mit beiden Daumen an der Oberseite des großen Zehs einen leichten Druck aus. Der Oberkörper wird in einem Winkel von ca. 45 Grad nach vorne geneigt, wobei die Wirbelsäule möglichst gerade bleiben soll.
Dann atmen wir EIN, halten den Atem an, setzen den Kehlverschluss (Jālandhara Bandha) und richten den Blick auf die Mitte zwischen den Augenbrauen. Nach einigen Sekunden heben wir den Kopf an und atmen AUS.

### *Jālandhara Bandha* – Kehlverschluss

Wir nehmen einen Meditationssitz ein und richten uns in der Wirbelsäule auf. Wir atmen EIN und ziehen die Kehlmuskulatur zusammen. Indem wir die Zunge etwas nach hinten und oben rutschen lassen, verschließen wir die Luftröhre. Wir dehnen den Nacken, drücken das Kinn gegen das Brustbein und halten für einige Sekunden den Atem an. Nachdem wir den Kopf gehoben und uns im Kehlbereich entspannt haben, atmen wir wieder AUS.

### *Mula Bandha* (Wurzelverschluss) bzw. *Aśvinī Mudrā*

Wir sitzen in *Vajrāsana* (Fersensitz). Wir atmen EIN und ziehen die gesamte Beckenbodenmuskulatur zusammen, einschließlich der Genital- und Anus-Muskeln. Wir halten (zusammen mit der Kontraktion) für einige Sekunden den Atem an und entspannen danach die Muskulatur mit der AUSatmung. *Mula Bandha* bewirkt, dass die ›Erd-Energie‹ sowie die Prana- und Nervenströme zu den höheren Zentren aufsteigen.

Wir entspannen uns im Langsitz und spüren der Übung nach. Danach praktizieren wir Maha Mudrā zur anderen Seite hin, indem wir den rechten Unterschenkel heranziehen usw.

2. Mahābandha *(großer Verschluss)*
   In dieser Übung werden die drei ›Verschlüsse‹ Mula-, Uddiyana- und Jalandhara-Bandha zusammengefasst.
   *Ausführung:*
   Wir sitzen mit aufgerichteter Wirbelsäule auf dem Boden und ziehen den linken Unterschenkel zu uns heran. Die linke Ferse drückt gegen den Anus. Den rechten Fuß legen wir an den linken Leistenbereich und unsere Hände auf die Knie.
   Wir atmen AUS und setzen zuerst Mula-Bandha und direkt danach Uddiyana-Bandha (ziehen also den Bauch nach innen und oben). Dazu können wir uns leicht vorbeugen und die Hände etwas gegen die Knie drücken.
   Dann atmen wir EIN, spüren wie die Rippen sich weiten und setzen Jalandhara-Bandha. (s. S. 114) Nach ein paar Sekunden lösen wir von oben nach unten die Bandhas auf und atmen langsam AUS.

3. Mahāvedha *(große Durchdringung)*
   Wir sitzen mit aufgerichteter Wirbelsäule, ziehen den linken Unterschenkel heran und drücken die Ferse leicht gegen den Anus. Den rechten Fuß legen wir auf den linken Oberschenkel in die Nähe der Leistengegend. Wir bringen die Handflächen dicht am Gesäß auf den Boden und atmen EIN.
   Wir setzen Jalandhara-Bandha (s. o.), stemmen die Hände gegen den Boden und heben so das Gesäß einige Zentimeter vom Boden ab.
   Wir bringen das Gesäß wieder auf den Boden, heben den Kopf und atmen AUS.

4. *Herzensmeditation* ›So – Ham‹
   Lenke deine Wahrnehmung aus den verschiedenen Körperteilen ins Herz hinein! Lass keine Energie und Aufmerksamkeit nach außen fließen! Ziehe das *Prana*, deine Sinne und deinen Verstand ins Herz zurück! Suche in tiefer Selbstbefragung die Quelle des Gewahrseins in deinem Herzen! Werde eins mit dem reinen Bewußtsein, mit deinem Wesenskern in der Herzensmitte, da wo der Atem entsteht! Jegliches Verstricktsein mit den Dingen der äußeren Welt wird sich auflösen. Übe sanft und anstrengungslos in der folgenden Weise: Beim Einatmen stimme innerlich das Mantra ›SO‹ an und folge mit gesammelter Aufmerksamkeit dem Atemstrom aus allen Richtungen zum Herzen hinein. Ruhe beim Anhalten mit gesenktem Kopf im Herzen und sammele dich in der Tiefe! Beim Ausatmen lass in dir unhörbar das Mantra ›HAM‹ ertönen und fließe vom Herzen her mit ganzer Hingabe in alle Richtungen in die Weite des Kosmos hinaus! Die Übung ist von der spirituellen Praxis des Ramana Maharshi (1878–1950, Tiruvannamalai/Südindien) inspiriert. Das vedantische Mantra ›so' ham‹ (wörtlich: Ich bin Er) kann bedeuten: Ich bin eins mit dem Einen.

5. *Übung zur Öffnung des Herzchakras (Atem-Meditation)*
   Du sitzst in einem Meditationssitz mit gut gestrecktem Oberkörper und hebst deine Arme seitwärts in der Weise an, dass sich die Oberarme parallel zum Boden befinden und die Unterarme im rechten Winkel dazu aufgerichtet sind.
   Du stellst dir vor, dass der EINatem wie ein kühler Windhauch aus dem Raum vor deiner Brustmitte in das Herz-Chakra hineinweht, während du gleichzeitig beide Arme etwas nach hinten ziehst. Mit der AUSatmung lässt du warme Atem-Energie vom Herz-Chakra aus in den Raum vor deinen Brustkorb fließen, wobei du zugleich die Arme wieder zur Ausgangsposition zurück bewegst. Diese Atem-Meditation soll fünf bis zehn Atemzüge lang praktiziert werden. Dann lässt du langsam deine Arme

sinken, entspannst sie zusammen mit den Schultern und spürst in das Herz-Zentrum hinein, wo du wahrscheinlich eine große Offenheit wahrnehmen wirst.

6. Metta-*Meditation (Meditation zur Erweiterung liebevoller Güte)*
Die Meditation kann in fünf Schritten vollzogen werden, bei denen du die entsprechenden Schlüsselsätze tief in deine Seele hineinsprichst. Du stellst dir vor, dass sich die Inhalte der Segenswünsche verwirklichen und dass du dies unmittelbar erfährst und erlebst.

- *Erster Schritt – Vorbereitung:*
  Du sitzst entspannt und lässt den Atem ganz natürlich in dir strömen. Du lässt Ruhe in dir einkehren und schaust, wie sich der Fluss der Gedanken verlangsamt. Du verbindest dich mit deinem Herzensraum und legst dazu die Hände diagonal überkreuzt auf die Brustmitte.

  Du sprichst zu dir selbst:
  Möge sich mein Herz öffnen.
  Möge ich mit Herzenswärme erfüllt sein.

- *Zweiter Schritt – Sich selbst Liebe schenken*:
  Möge ich glücklich und zufrieden sein.
  Möge ich frei, sicher und beschützt sein.
  Möge ich gesund sein und bestmögliche Heilung erfahren.
  Möge ich mit Leichtigkeit leben und in Frieden leben.[83]

- *Dritter Schritt – Einer nahestehenden Person Liebe schenken*
  Mögest du glücklich und zufrieden sein.
  Mögest du frei, sicher und beschützt sein
  Mögest du gesund sein und bestmögliche Heilung erfahren.
  Mögest du mit Leichtigkeit und in Frieden leben.

- *Vierter Schritt – Liebende Güte zu einer neutralen Person* (wie oben)

- *Fünfter Schritt – Liebende Güte zu einer schwierigen Person oder zu der schwierigsten Person in meinem Leben* (wie oben)

Beim Vollzug der Schritte drei bis fünf kannst du auch segnend deine Arme und Hände ausbreiten. Denke an den Bodhisattva des X. Ochsenbildes, der den Marktplatz betritt und mit seinen Händen Segen spendet. Einen Menschen zu segnen, bedeutet, die göttliche Kraft und Gnade auf ihn ›herab zu wünschen‹.

# QUELLENERLÄUTERUNG

Sechs von den insgesamt 134 Zeilen meiner Fassung der Ochsengedichte (die Überschriften sind mitgezählt) habe ich wörtlich von der Übersetzung Heinrich Zimmers übernommen, weil die sprachliche Dichte, die klanglich-rhythmischen Qualitäten und auch der geistige Gehalt dieser Zeilen nach meiner Einschätzung schlichtweg nicht zu übertreffen sind.
Es folgen nun die genauen Angaben zu den wortwörtlichen Übernahmen, den Anlehnungen an einzelne Passagen der rezipierten deutschen Übersetzungen und zur Übertragung einiger Verse aus dem Englischen ins Deutsche.

Die verwendeten Abkürzungen:
H.Z.: wortwörtliches Zitat nach der Übersetzung von Heinrich Zimmer
Vgl. H.Z.: in Anlehnung an Heinrich Zimmers Übersetzung
Vgl. D.T.S.: eigene Übersetzung einzelner Verse des englischen Textes von Daisetz Teitaro Suzuki
Vgl. K.T. u. H.B.: in Anlehnung an die Übersetzung von Kôichi Tsushimura und Hartmut Buchner

Die römischen Zahlen beziehen sich auf die zehn Gedichte.
Wörtliche Zitate sind in Anführungszeichen gesetzt.

I. Die Zeilen 1 und 2, »Allein in der Wildnis, / verloren in Sümpfen«: H.Z.; die Zeilen 15 und 16: »Nur die Grillen des Abends / hört er singen im Ahornwald«, vgl. D.T.S.: »He only hears the evening cicadas singing in the maple-woods.«
II. Zeile 4, … Spuren … hinterlassen: vgl. K.T. u. H.B.
III. In Zeile 11, … im Schmuck seiner Hörner: vgl. H.Z.
IV. Keine Übernahmen oder Anlehnungen.
V. Übernahme einiger Ausdrücke bzw. einzelner Worte: vgl. K.T. u. H.B.

VI. In Zeile 2, »schlägt … den Heimweg ein«: H.Z.

VII. Zeile 8, »steht auch die rote Sonne schon …«: H.Z.

VIII. Zeile 10, der Geist des alten Meisters: vgl. D.T.S.: »the spirit of the ancient master«.

IX. Die Zeilen 5 bis 8: Weit besser ist's, / zu Haus' zu bleiben, / ohne Getue, / blind und taub! – vgl. D.T.S.: »Far better it is to stay at home, blind and deaf, and without much ado.«

X. Die Zeilen 9 und 10: »Nicht bedarf er ferner / der Götter Wundermacht«, fast gleichlautend mit H.Z.: »Nicht bedarf er ferner/ der Wundermacht der Götter.«

# LITERATURANGABEN

*Abe, Masao*: Zen and Western Thought. Edited by William R. Lafleur, Honolulu 1985.

*Ama Samy*: Zen und Erleuchtung – Zehn Meditationen eines Zen-Meisters, Freiburg 2010.

*Angelus Silesius*: Sämtliche poetische Werke in drei Bänden. Band 3, München 1952.

*Aristoteles*: Metaphysik 2,1; 993 b, Würzburg 2003.

*Aristoteles*: Über die Seele – De anima, griechisch-deutsch, 3,8; 431 b. Übersetzt, mit einer Einleitung und Anmerkungen herausgegeben von Klaus Corcilius, Hamburg 2017.

*Augustinus, Aurelius*: Dreiundachtzig verschiedene Fragen (De diversis Quaestionibus octoginta tribus), herausgegeben von Carl Johann Perl, Paderborn 1972.

*Buri, Fritz*: *Der Buddha-Christus als der Herr des wahren Selbst*. Die Religionsphilosophie der Kyōto-Schule und das Christentum, Bern / Stuttgart 1982.

*Colsman, Michael:* Bewusstsein, konzentrative Meditation und ganzheitsorientiertes Menschenbild, Beiträge zu einem Verstehen des Bewusstseins im Buddhismus und im integrativen Denken der Neuzeit (v. a. bei Jean Gebser und Sri Aurobindo), Bochum 2013.

*Dōgen Zenji*: Shōbōgenzō – Der Schatz des wahren Dharma, Gesamtausgabe, Frankfurt 2008, ins Deutsche übersetzt von *A. M. Eckstein* nach der Originalausgabe »Dōgen Zenji's Shōbōgenzō: The Eye and Treasury of the True Law«, Tokyo 1975. Übertragen ins Englische von *Kōsen Nishiyama.*

*Dürckheim, Karlfried Graf:* Vom doppelten Ursprung des Menschen, Freiburg 1973.

*Fuchs, Mariko:* Die Pädagogik des Zenmeisters, Dissertation, Düsseldorf 2007.

*Govinda, Lama Anagarika*: Buddhistische Reflexionen, Bern / München / Wien 1983.

*Haas, Alois M.*: Meister Eckhart als normative Gestalt geistlichen Lebens. Freiburg 1995.

*Hakuin Zenji*: ›Lied des Zazen‹, Übersetzung von *Michael von Brück*, in: Zen: Geschichte und Praxis, München 2004.

*Han, Byung-Chul:* Duft der Zeit, Ein philosophischer Essay zur Kunst des Verweilens, Bielefeld 2015.

*Hisamatsu, H. Sh.:* Die Fülle des Nichts. Vom Wesen des Zen. Übers. von T. Hirata u. J. Fischer, Pfullingen 1984.

*Jäger, Heidrun:* ›Natur‹ in der philosophischen Anthropologie bei Nāgārjuna und Dōgen, Frankfurt am Main, 2011.

*Jung, C.G. / Suzuki, Daisetz Teitaro:* Die große Befreiung, Einführung in den Zen-Buddhismus mit zehn Bildern vom Rinderhirten, ins Deutsche übertragen von *Heinrich Zimmer,* 2. Auflage, Leipzig 1939.

*Kämpchen, Martin:* Du tanzt im Herzen aller Menschen, Münsterschwarzach 1989.

*Kluge, Friedrich:* Etymologisches Wörterbuch der deutschen Sprache, Berlin 1989.

*Línjì Yìxuán*: Das Denken ist ein wilder Affe. Aufzeichnungen der Lehren und Unterweisungen des großen Zen-Meisters, München 1996.

*Lao Tse:* Tao-Te-King, übertr. von W. Kopp, Interlaken 1992.

*Mannschatz, Marie / Baur, Angelika*: Buddhas Herzensmeditation. Mit Achtsamkeit zu Selbstliebe und Mitgefühl, München 2018.

*Meister Eckhart:* EW I, Predigten, herausg. und kommentiert von *Niklaus Largier*, Frankfurt a. M. 1993 (Bibliothek des Mittelalters, Bd. 20).

*Meister Eckhart:* EW II, Predigten, Traktate, lateinische Werke, hg. und komment. von Niklaus Largier, Frankfurt a. M. 1993 (Bibliothek des Mittelalters,Bd. 21).

*Meister Ryōkan*, Alle Dinge sind im Herzen, Freiburg 1999.

*Nishitani, Keiji:* Was ist Religion?, Frankfurt am Main 1982.

*Nishida, Kitarō:* Über das Gute, zweite Auflage, Frankfurt am Main 1993.

*Ohtsu, Daizohkutsu R.:* Der Ochs und sein Hirte (aus dem Altchinesischen übersetzt von *Kôichi Tsushimura* und *Hartmut Buchner*), Pfullingen 1958.

*Pali-Kanon*, Udana, VIII, 3. In: http://www.palikanon.com/khuddaka/udana/ud_8.htm.

*Petersen, Erling*: Das Yoga-Übungsbuch, München 1987.

*Pieper, Josef:* Glück und Kontemplation, München 1957.

*Pindar*, Siegeslieder, Griechisch-Deutsch, Übers.: Dieter Bremer, Sammlung Tusculum, Düsseldorf/Zürich 2002.

*Sawaki*, *Kodo* zit. in: Antaiji.org>services>kodo-to-you-2.
*Sekida*, *Katsuki:* Zen-Training, Freiburg 1993.
*Shibayama, Zenkei:* Zen in Gleichnis und Bild, Bern / München / Wien 1974.
*Soth*, *Johannes:* Lernfeld: Persönlichkeit, Göttingen 2014.
*Stier, Fridolin* (Übersetzer): Das Neue Testament. Aus dem Nachlass herausgegeben von Eleonore Beck, Gabriele Müller und Eugen Sitarz, München 1989.
*Suzuki*, *Daisetz Teitaro:* The Manual of Zen Buddhism, Kyoto 1935.

*Tanashi, Kazuaki* (Hrsg.): Moon in a Dewdrop. Writings of Zenmaster Dōgen. San Francisco, North point Press, 1985.
*Tarthang Tulku*: Die Freude des Seins, Köln 2010.
*Tauler, Johannes*: Predigten, übertragen und herausgegeben von Georg Hofmann, Freiburg i. Br. 1961.

*Ueda, Shizuteru*: Wer oder was bin ich? – Zur Phänomenologie des Selbst im Zen-Buddhismus Freiburg 2011.
*Ueda, Shizuteru::* ›Ohne warum‹ bei Meister Eckhart und im Zen, in: Meister Eckhart – interreligiös, Meister-Eckhart-Jahrbuch 10 / 2016, Hrsg.: C. Büchner, M. Enders, D. Mieth, Stuttgart 2016.

*Welte*, *Bernhard:* Meister Eckhart. Gedanken zu seinen Gedanken. Freiburg 1979.
*Wilhelm, Richard / Jung*, *C.G.:* Geheimnis der Goldenen Blüte, 9. Aufl., München 2000.

# ANMERKUNGEN

1 Das 2. Lobgedicht ist zu finden in R. Ohtsu, Der Ochs und sein Hirte, S. 22.
2 Ebd. S. 79.
3 Ebd. S. 80.
4 Ebd. S. 22.
5 Vgl. das Kōan mit dem Sechsten Patriarchen und dem Mönch Myō in: D.T. Suzuki / C.G. Jung: Die große Befreiung – Einführung in den Zen-Buddhismus, 2. Auflage, Leipzig o.J., S. 144.
6 Neben den Wesenheiten, die aus den eigenen Seelenräumen bzw. dem individuellen Unterbewusstsein hervor-gehen, gibt es nach verschiedenen religiösen Traditionen auch Dämonen im kollektiven Unbewussten, die einen Menschen anfechten und von ihm Besitz ergreifen können.
7 Nishida Kitarō: Über das Gute, Frankfurt 1993, S. 68.
8 K. Tsujimura / H. Buchner: Der Ochs und sein Hirte, S. 92.
9 D.T. Suzuki / C.G. Jung: Die große Befreiung, Bildteil S. 3.
10 Vgl. Michael Colsman, Bewusstsein, 2013, S. 380 ff.
11 Die *Jhānas* sind die Versenkungsstufen.
12 Aurelius Augustinus: De diversis Quaestionibus octoginta tribus, 33, I.
13 Tsujimura/Buchner, S. 96.
14 Ebd. S. 99.
15 Niklaus Largier (Hrsg.): Meister Eckhart, Werke I, 1993, Predigt 12, S. 149, 31.
16 Vgl. Shizuteru Ueda: Wer oder was bin ich?, 2011, S. 13.
17 Vgl. Tsujimura / Buchner, S. 101.
18 EW I, Pr. 30, S. 341, 5–7 (nhd.).
19 EW I, Pr. 12, S. 143, 34 – S. 145.
20 Tsujimura / Buchner, S. 104.
21 Ebd. S. 105.
22 Wobei wir hier nicht von einem Menschen reden, der lebensmüde ist und Suizid-Absichten hat.
23 Johannes Tauler: Predigten, übertr. u. herausg. von Georg Hofmann, Freiburg i.Br. 1961, Predigt 41 (S. 314 f.) und Predigt 44 (S. 336 f.).
24 Ps. 41,8.
25 Ueda, S. 204.

26 Angelus Silesius: Sämtl. poetische Werke in drei Bänden. Band 3, München 1952, Spr. 289, S. 39.

27 ›Selig sind die aus dem Geiste Armen, denn ihrer ist die Königsherrschaft der Himmel.‹ Vgl.: Das Neue Testament, übersetzt von Fridolin Stier, 1989, Mt 5,3.

28 Vgl. EW I, Pr. 52, S. 553, 6 f.

29 Vgl. EW I, Pr. 52, S. 557, 24 f.

30 EW I, Pr. 52, S. 559, 31–34.

31 EW I, Pr. 5b, S. 71, 11–14.

32 EW I, Pr. 9, S. 115, 18–20. Eckhart bezieht sich hier auf die Zwei-Bücher-Lehre des Augustinus, der die Auffassung vertrat, dass Gott sich sich in zwei Büchern, im *liber scripturae* (der Bibel) und im *liber naturae* (der Natur) offenbart.

33 Dōgen, Zenji: *Shōbōgenzō*, ins Deutsche übers. von A. M. Eckstein, Frankfurt 2008, S. 404.

34 Ebd. S. 72.

35 Vgl. Masao Abe 1985, S. 4.

36 Vgl. Richard Wilhelm / C. G. Jung: Geheimnis der Goldenen Blüte. Darin werden Übungen zum *Aufgehen der Goldblume* beschrieben. Es wird auch darüber berichtet, wie das ›Nichts-Herz‹ erfahren werden kann. Da heißt es unter anderem (S. 99): » …, das Herz sei wie erkaltete Asche.« Dies bedeutet, dass sich der Atem mehr und mehr im Herzen verfeinert und ganz zur Ruhe kommt. Und auf der Seite 104: »Das Erwachen des Geistes wird bewirkt, weil das Herz zuerst gestorben ist. Wenn der Mensch sein Herz sterben lassen kann, dann erwacht der Urgeist zum Leben. Das Herz ertöten, bedeutet nicht sein Vertrocknen und Abdorren, sondern es bedeutet, dass es ungeteilt und gesammelt eins geworden ist.«

37 In: Tsushimura / Buchner, S. 116.

38 In Anlehnung an den Titel eines Buches von Martin Kämpchen: Du tanzt im Herzen aller Menschen, Münsterschwarzach 1989.

39 Shizuteru Ueda: ›Ohne warum‹ bei Meister Eckhart und im Zen, 2016, S. 77.

40 Vgl. Fritz Buri: Der Buddha-Christus als der Herr des wahren Selbst, S. 337 und 353.

41 Keiji Nishitani: Was ist Religion?, S. 134.

42 So heißt es im einleitenden Prosa-Text zum 10. Ochsengedicht nach Tsushimura / Buchner, Der Ochs und sein Hirte, S. 49.

43 Lao Tse, Tao-Te-King, übertr. von W. Kopp, Interlaken 1992, Kap. 56.

44 Vgl. Tsushimura / Buchner, S. 125.
45 Vgl. Shizuteru Ueda, Wer und was bin ich?, S. 19 und 21.
46 Vgl. ebd., S. 21.
47 Ebd. S. 19 und 21.
48 Meister *Ryōkan*, Alle Dinge sind im Herzen, 1999, S. 59.
49 »[…], denn vollkommene Demut geht auf ein Vernichten des eigenen Selbst aus.« EW II, Traktat 3, S. 437, 30 f; EW I, Pr. 64, S. 671, 8.
50 Ueda, Wer und was bin ich?, 2011, S. 18 und 19.
51 Übersetzung von Karl Heinz Witte in: Meister Eckhart – Leben aus dem Grunde des Lebens, S. 261.
52 EW II, Pr. 86, S. 211, 16-20.
53 EW II, Pr. 86, S. 209.
54 EW II, Pr. 86, S. 215.
55 Ueda: Wer und was bin ich?, S. 188.
56 Vgl. Bernhard Welte: Meister Eckhart. Gedanken zu seinen Gedanken, 1979, S. 120–129.
57 Ebd. S. 183.
58 Besonnenheit (altgr.: σωφροσύνη, wörtl: Gesundheit des Zwerchfells bzw. des Sonnengeflechtes) ist eine Haltung von großer menschlicher Reife, die der Güte und Herzensweisheit und der Tugend des rechten Maßes sehr nahesteht. Besonnen ist derjenige, der aus Erfahrung und Einsicht eine lichtvolle Klarheit und Erkenntniskraft gewonnen hat, die ihn in Ruhe und Gleichmut auch (und gerade) in schwierigen Lebenssituationen die ›goldene Mitte‹ finden lässt, um in nüchterner Klugheit und in angemessener Weise handeln und Gutes tun zu können. Eckhart umschreibt die Besonnenheit, die sich bei ihm mit der Gelassenheit überschneidet, mit *wîsiu verstantnisse* (das Adjektiv ›besonnen‹ auch mit wizzentlîche = wissend, weise).
59 *Übersetzung von Alois M. Haas*, Meister Eckhart als normative Gestalt, S. 113.
60 Aus dem Vorwort zum zehnten Ochsenbild von *Zi-yuán*, in: Ohtsu, Der Ochs und sein Hirte,1958.
61 Línjì Yìxuán: Das Denken ist ein wilder Affe. Aufzeichnungen der Lehren und Unterweisungen des großen Zen-Meisters, 1996, S. 41.
62 Kazuaki Tanashi: Moon in a Dewdrop. Writings of Zenmaster Dōgen, 1985, S. 70.
63 EW I, Pr. 12, S. 149, Z. 34-37.
64 EW II, Pr. 86, S. 221, 11-15.

65 Zenkei Shibayama, ZEN in Gleichnis und Bild, S. 52.

66 Vgl. ebd. S. 49 f.

67 Shibayama, Zen in Gleichnis und Bild, S. 66.

68 Ebd. S. 114.

69 Ebd. S. 115.

70 Karlfried Graf Dürckheim, Vom doppelten Ursprung des Menschen, Freiburg 1973, S. 162.

71 Thomas von Aquin, vollständige deutsch-lateinische Ausgabe der Summa Theologica, Bd. 1 (1933) I,1,8 ad 2 und 13 (1977) I –II, 99, 2 ad 2. Meister Eckhart hat diesen Gedanken des Aquinaten aufgegriffen. In seinen Reden der Unterweisung (R.d.U) formuliert er: »Gnade zerstört nicht die Natur, sie vollendet sie.« (EW II, Traktat 2, R.d.U., S. 417, 30).

72 Diese 12 Übungen sind mit genauen Anleitungen zu finden in: Erling Petersen, Das Yoga-Übungsbuch (EP) und in: J. Soth, Lernfeld: Persönlichkeit (JS). 1. Frosch: JS, S. 134; 2. Seitbeuge: JS, S. 131; 3. Schulterbrücke: JS, S. 139; 4. Kobra: JS, S. 143; 5. Katzenbuckel/Pferderücken: JS, S. 136; 6. Kopfstand: JS, S. 141: Statt des klassischen Kopfstandes wird hier der ›Dreifuß‹ (*Kap*ālāsana) bzw. eine Vorübung dazu angeboten.7. Schulterstand: JS, S. 141; 8. Pflug: JS, S. 142; 9. Liegender Held: EP, S. 184; 10. Stellung des Kindes (auch unter der Bezeichnung *Yoga Mudr*ā bekannt): JS, S. 146; 11. Drehsitz: JS, S. 149; 12. Mahā Mudrā: EP, S. 322.

73 Alle im folgenden erwähnten Übungen werden ausführlicher beschrieben in: J. Soth, Lernfeld: Persönlichkeit, Göttingen 2014.

74 Vgl. Tarthang Tulku: Die Freude des Seins, Köln, S. 43.

75 Vgl. Katsuki Sekida, Zen-Training, S. 76-80. Die *Bambus-Atmung* in vollständiger Form (drei Stufen) gehört zu den Übungen zum VII. Bild ›Heimgekommen‹.

76 Vgl. Michael Colsman, Bewusstsein 2013, S. 387.

77 Näheres zu den vier Samādhi-Stufen nach Rinzai ist im zweiten Kapitel zu finden.

78 Vgl. Dôgen, Shôbôgenzô, übers. von A. M. Eckstein, 2008, Kap. 3 (Genjôkôan), S. 53.

79 Kodo Sawaki, zit. in: Antaiji.org>services>kodo-to-you-2.

80 Richard Wilhelm / C.G. Jung: Geheimnis der Goldenen Blüte, 2000, S. 144.

81 Vgl. ebd. S. 102 f.

82 Ebd. S. 99.

83 Vgl. Marie Mannschatz / Angelika Baur: Buddhas Herzmeditation.

## ÜBER DEN AUTOR

Johannes Soth war viele Jahre Religions- und Kunstlehrer in einem Gymnasium am Niederrhein. Er absolvierte eine Zen-Ausbildung bei Prof. Michael von Brück und leitet seitdem Zen-Seminare und -kurse. Außerdem hat er das Schulfach ›Körperorientierte Entspannungs- und Konzentrations-Schulung‹ (K.E.K.S) gegründet. Seit 2016 ist er Mitglied der Meister-Eckhart-Gesellschaft.
Er ist Autor mehrerer Veröffentlichungen zum Thema Zen und Meister Eckhart.